SV

Michael Maar

DAS BLAUBARTZIMMER

Thomas Mann und die Schuld

Suhrkamp Verlag

Satz und Druck: MZ-Verlagsdruckerei GmbH, Memmingen
Printed in Germany
Erste Auflage 2000

1 2 3 4 5 6 – 05 04 03 02 01 00

INHALT

I. KAPITEL

Zimmer mit toter Katze 9
Bitte sehr! 16
Ich habe Schlimmeres zu vergessen 32

II. KAPITEL

Wollust und heiße Schuld 43
Vitzliputzli 54
Unter vier Augen 65
Schekem 76
Bleicher Mann, beichtend 88

III. KAPITEL

Credemi 101

Anmerkungen 113
Dank 133

DAS BLAUBARTZIMMER

I.

Zimmer mit toter Katze

Nur einmal haben seine Kinder ihn im Zustand der Verzweiflung erlebt. Als sich im Frühjahr 1933 die Ereignisse überstürzen und Thomas Mann bei einer längeren Vortragsreise im Ausland zu ahnen beginnt, daß ihm die Heimkehr abgeschnitten ist, gelten seine ersten Ängste einer Anzahl von Wachstuchheften, die in seinem Münchener Schließschrank verschlossen sind. Es handelt sich um seine alten Tagebücher, die nicht in die falschen Hände fallen dürfen. Nach Wochen der wachsenden Beunruhigung schickt er seinem Sohn Golo, der in München ausharrt, die Schlüssel für die Schubladen und Schränke und erklärt ihm, er solle die Hefte in einem Handkoffer als Frachtgut nach Lugano expedieren.[1] Golo erinnert sich an die zusätzliche Anweisung:

> »Ich rechne auf Deine Diskretion, daß Du nichts von diesen Dingen lesen wirst.« Eine Ermahnung, die ich so ernst nahm, daß ich mich in seinem Zimmer einschloß, während ich die Papiere verpackte. Als ich mit dem Koffer heraustrat, um ihn zum Bahnhof zu bringen, stand da der treue Hans: gerne werde er mir diese lästige Arbeit abnehmen. Desto besser; warum nicht?[2]

Wie sich herausstellen sollte, war es gerade Golos Übersorgfalt, die seinem Vater fast zum Verhängnis wurde. Erst dadurch, daß er sich im Arbeitszimmer einschloß, wurde der Chauffeur Hans Holzner, ein

Nazispitzel, darauf aufmerksam, daß Geheimzuhaltendes vor sich ging. Er brachte den Koffer zwar auf die Bahn, aber erstattete Meldung bei der Politischen Polizei.[3]

Für Thomas Mann begann eine quälende Wartezeit. Am 24. April vermerkt er seine Unruhe wegen des langen Ausbleibens des Handkoffers; die Angst streckt ihre ersten Fühler aus. Drei Tage später ist ihm das Ausbleiben des Koffers schon »unheimlich«. Langsam begreift er, daß es nicht mit rechten Dingen zugeht. Einen Tag darauf erhärtet sich der Verdacht: »Der Chauffeur Hans, allmählich als Judas erkannt.« Am 30. April erwacht er um fünf Uhr früh, von dem sofort einsetzenden Schreckensgedanken an den Handkoffer mit den Tagebüchern erfaßt. Daß er auch äußerlich die Façon zu verlieren beginnt, wissen wir aus Berichten seiner Kinder. Golo überliefert, daß sein Vater »in wachsende Ungeduld, zuletzt geradezu in Verzweiflung geriet«.[4] Auch Erika schreibt von dem »unpräzedierten Erregungs-, ja, Verzweiflungszustand«, in dem er sich befunden habe.

Endlich, am 2. Mai, erreicht ihn die Entwarnung: der Koffer befindet sich auf Schweizer Boden, wahrscheinlich in Lugano.

> Bedeutende u. tiefe Erleichterung. Das Gefühl, einer großen, ja unaussprechlichen Gefahr entgangen zu sein, die vielleicht keinen Augenblick bestanden hat. –

Ein gewichtiges Wort, dies »unaussprechlich«, für einen Mann, der seine Worte zu wägen weiß. Auch in der Nacherzählung, die seine Tochter von den verdüsterten Wochen gibt, fällt so ein schweres Wort:

Es ging, wie schließlich erhellte, vor allem um die Tagebücher, die er nicht nur endgültig verloren, sondern dem Todfeind in die Hände gefallen glaubte. In seiner unerforschlichen Dummheit gab dieser den völlig intakten Koffer sehr bald wieder frei, und T. M., von nun an fluchtbereit und nicht gewillt, Ähnliches erneut zu riskieren, verbrannte bei erster Gelegenheit eine Menge Papier.[5] [. . .]
Waren sie ›kompromittant‹, diese braven Schulhefte? Mag immerhin sein. Kein Lebensbau ohne ›Blaubartzimmer‹.

Erika schwächt das später etwas ab und erklärt, eigentlich Anstößiges müsse nicht vorgelegen haben. Aber die Metapher des Blaubartzimmers hallt nach. Wenig anheimelnd auch die kleine Anekdote, die sie ihr folgen läßt:

Hofmannsthal, als er den noch jungen T. M. kennen gelernt hatte, soll geäußert haben, der ganze Mensch mache einen ungemein gepflegten, großbürgerlich-soliden, diskret-eleganten Eindruck. Auch sein Haus stelle man sich so vor: sehr fein und reichhaltig, mit kostbaren Tapisserien, dunkelnden Ölgemälden, Clubsesseln, hellen Schlafräumen etc. pp. »Nur«, fügte der Dichter hinzu, indem er auf seine Nägel blickte, – »in irgend so einem Nebenzimmerl liegt dann plötzlich – eine tote Katze . . .«

Es sei also denkbar, beschließt sie diese Erinnerung, »daß es ein oder die andere ›tote Katze‹ war, die da verheizt wurde«.[6]

Was Erika nicht kannte und worüber sie bei aller Ahnung erschrocken wäre, war die Eintragung im Tagebuch ihres Vaters, die auf dem Höhepunkt seiner Verzweiflung entstand:

> Meine Befürchtungen gelten jetzt in erster Linie u. fast ausschließlich diesem Anschlage gegen die Geheimnisse meines Lebens. Sie sind schwer und tief. Furchtbares, ja Tötliches kann geschehen. (30.4.1933)

Das ist eine Stelle, über die man etwas länger ins Grübeln geraten darf, als es die Forschung bislang getan hat. Der Sinn scheint klar, auch wenn es verschiedene Möglichkeiten der Deutung gibt. Was meint nur schon das »Sie«, die Befürchtungen oder die Geheimnisse?[7] Bei Thomas Manns nach vorne drängendem und die hinteren Satzglieder im Fluß der Gedanken zurücklassendem Tagebuchduktus würde man sagen: die Geheimnisse, obwohl die Adjektive auf beides passen – wenn auch das »tiefe Geheimnis« stehende Rede und fest geprägte Wendung ist. Die schweren und tiefen Geheimnisse würden das »Tötliche« im Nachsatz auch sachlich begründen, denn nur wenn sie schwer und tief sind, kann ihre Aufdeckung die schwerste und tiefste aller Folgen haben.

Geht es bei der Aufdeckung dieser Geheimnisse überhaupt um ihn? Theoretisch könnten die Befürchtungen auch einer anderen Person gelten, die in Deutschland der Rachsucht der Nazis ausgeliefert und durch ihre Nennung in seinen Aufzeichnungen dringend gefährdet wäre. Aber das ist weit hergeholt und nicht der in die Augen springende Sinn, der uns von anderer Seite bestätigt wird. In seiner Autobiographie zitiert Golo aus dem Tagebuch, das er damals führte. Im Kreis der Familie hatte Thomas Mann sich über seine Ängste ausgesprochen:

Sie werden daraus im *Völkischen Beobachter* veröffentlichen. Sie ruinieren alles, sie werden mich auch ruinieren. Mein Leben kann nicht mehr in Ordnung kommen.[8]

Der Selbstmord, wenn seine Geheimnisse ans Licht der Welt gezerrt würden – das ist stark, auch wenn man in Rechnung stellt, daß die Nerven des Geängstigten in dieser Zeit äußerst angespannt waren.[9] Wenn die Nazis einen Giftsud aus den Tagebüchern gebraut hätten, der nicht mehr enthalten hätte als die Bestandteile dessen, was wir aus den überlieferten Bänden kennen, es hätte gewiß genügt, um ihm das Leben zur Qual zu machen. In München hätte man es nicht ganz so natürlich gefunden, daß er sich in den eigenen Sohn verliebt;[10] man hätte seinen Nutzen gezogen aus den Haßausbrüchen gegen den Bruder, man wäre orientiert gewesen über den jungen Klaus Heuser, über das persönliche Gefühlsabenteuer, dem der *Tod in Venedig* entsprang, und über die zentrale Herzenserfahrung seiner fünfundzwanzig Jahre, die Jugendliebe für Paul Ehrenberg.[11] Das alles einer höhnischen Presse eingeträufelt, die durch keine zivile Hemmung behindert gewesen wäre – man kann sich vorstellen, daß eine solche Kampagne auch einen Gefestigteren erschüttert hätte; und wie also nicht ihn, der schon unter kleineren Beleidigungen jahrzehntelang litt.

Aber so schwer erschüttert, daß er den Tod ins Auge faßt? Irgend etwas Handfestes hätten auch die neuen Herrscher gebraucht, bei denen es keineswegs ausgemacht war, wie der Nobelpreisträger zu behandeln sein sollte, der sich als offizieller Auslandsdeutscher mit öffentlichen Bekundungen gegen das Regime bislang zurückgehalten hatte und dessen Werk immer noch in den Buchhandlungen zu kaufen war. Es gab eine Gruppe, die ihn in jedem Fall loswerden wollte, aber vor dem Brief an den Rektor der Bonner Universität bestand die vage Möglichkeit, daß er zurückkehren konnte, was dem Regime die Hände band. Etwas Schweres und Tiefes mußten die Geheimnisse also in der Tat haben, wenn sie den Feinden zur tödlichen Waffe gereichen sollten, die ihr Opfer selbst im neutralen Ausland treffen würde.

Genau als dies Schwere und Tiefe wurden sie auch empfunden, wenn man den jüngsten Deutern und Biographen glaubt. Sie alle, soweit sie sich die Frage vorgelegt haben, sind sich darin einig: das Hauptgeheimnis, dessen Aufdeckung Thomas Mann in den Selbstmord hätte treiben können, war seine Inveriertheit,[12] die Knabenliebe, die als schuldhaft empfundene, hinter der Bürgerlichkeit verborgene Homosexualität.[13] Lange genug hatte man über das werkprägende Faktum hinweggespielt, von dem die ältere Mann-Biographik noch nicht viel hatte wissen wollen. Seit man sich aber der Prüderie entledigt hat und seit man die Tagebücher kennt, glaubt man, einen Generalschlüssel für Leben und Werk gefunden zu haben: Die Knaben waren's, und sie werden es auch in jenem April gewesen sein, in dem ihr Verehrer den Freitod erwog.

Die Lesart hat auf den ersten Blick fast alles für sich. Sie scheint gestützt zu werden durch einen anderen Eintrag des dramatischen Tages, an dem Thomas Mann an Selbstmord denkt. Entnervt und von Sorgen gequält in Basel angekommen, notiert er abends ein anrührendes Detail: »K. u. ich saßen viel Hand in

Hand.« Er fügt hinzu: »Sie versteht halb und halb meine Furcht wegen des Koffer-Inhalts.« (30.4.1933) Das ist die einzige Stelle, bei der ein Lichtchen von außen auf sein Inneres fällt, der einzige Moment, in dem wir aus seiner Hirnkammer schlüpfen dürfen, in der ihn die Ängste foltern, um ihn aus fremden Pupillen zu sehen. »Halb und halb« versteht seine Frau Katia ihn – das läßt sich zwanglos auf die jungen Männer beziehen, über die sie ungefähr im Bilde ist, auch wenn nicht bei jedem Frühstück darüber gesprochen wird. Die Stelle paßt ohne weiteres zur traditionellen Lesart; eindeutig freilich ist auch sie nur halb und halb. »*Völlig* darf ich mich ihr ja doch nicht mittheilen«, vertraute der Jungverlobte 1904 seinem Notizbuch an: »Meinem Gram, meinen Qualen ist sie nicht gewachsen.«[14] Wieviel wußte sie nach dreißig Jahren Ehe? Das wissen wir so wenig, wie wir ahnen können, auf welche Weise die im Plural erscheinenden Geheimnisse ineinander übergehen. Eines allerdings können wir sicher sagen: über die erotischen Leiden und Neigungen ihres Gatten wußte Katia wahrscheinlich sehr früh, spätestens aber 1927 nach der Klaus Heuser-Affaire Bescheid. Es kann in dem »halb und halb« ihres Verständnisses also noch eine Hälfte bleiben, die im Dunkeln liegt.

Ganz ähnlich ist es bei einem zweiten Detail, das die traditionelle Lesart zu stützen scheint. Es ist das Wort »Geheimnis« selbst, das an mindestens zwei Stellen der späten Tagebücher eindeutig das der Männerliebe meint. Fünf Jahre vor seinem Tod schreibt Thomas Mann über seine letzte Liebe, den Hotelpagen Franz Westermeier: »Banale Aktivität, Aggressivität, die Erprobung, wie weit er willens wäre, gehört nicht zu meinem Leben, das Geheimnis gebietet.« (10.7.1950) Der »Zwang, das Geheimnis zu wahren«, hält ihn davon ab, Begegnungen mit Franz auf der Hotelterrasse zu suchen. (11.7.1950) Wenn er den Anschlag auf die Geheimnisse seines Lebens fürchtet, wird eines dieser Geheimnisse also jenes gewesen sein? Das dürfte man schließen, wenn es damit nicht wäre wie mit dem »halb und halb«. Die eine Hälfte liegt offen, die andere aber verdeckt. Es sind Andeutungen, auf die wir stoßen werden, in denen ein Geheimnis zwar auch auf den verbotenen Eros zielt; der aber umschlingt sich mit Schlimmerem.

Bitte sehr!

Vom Dämonischen, stellt Thomas Mann in seiner Einführung zu Dostojewski fest, solle man dichten; ihm kritische Essays zu widmen erscheine ihm, gelinde gesagt, indiskret. Dem Vorwurf, höchst indiskret zu sein, könnte sich auch diese Untersuchung ausgesetzt sehen, wenn sie der Frage nachgeht, was in den frühen Tagebüchern denn Handfestes über homosexuelle Kontakte hätte vermerkt sein können. Nun wird über diese Frage gerätselt, seit die späten Tagebücher veröffentlicht sind, die Thomas Mann der Nachwelt ausdrücklich anheimgegeben hat, mit allen »heitere[n] Entdeckungen«, die er ihr dabei trocken in Aussicht stellt. (13.10.1950) Und gerade in den späten Tagebüchern finden sich verstreute Hinweise zum Kern dieser Frage, die es erlauben, die Vermutungen der jüngsten Biographen in zweierlei Hinsicht zu korrigieren.

Man wisse es zwar nicht, schreibt der beste unter ihnen, Hermann Kurzke, aber wahrscheinlich habe es in früher Zeit irgendeine Art körperlichen Kontakt gegeben, der als »erniedrigend, demütigend und beschmutzend erfahren wurde und ein lebenslanges Trauma hinterlassen hat. Es mochten die Strichjungen in Neapel gewesen sein.«[15]

Er ist nicht der einzige Biograph, an dessen Horizontlinie die Strichjungen spazieren, mit denen der junge Thomas Mann in Italien in Berührung gekommen sein kann; eine Linie, auf die der Neapelreisende selber weist, wenn er 1896 dem eingeweihten Freund Otto Grautoff schreibt, auf dem Toledo gäbe es unter tausend anderen Verkäufern auch schlau zischelnde Händler, »die einen auffordern, sie zu angeblich ›sehr schönen‹ Mädchen zu begleiten, und nicht nur zu Mädchen . . .«[16] Grautoff wußte, was die drei Pünktchen bedeuten sollten, zumal derselbe Brief ein Portrait der Stadt Neapel enthält, »eine Physiognomie mit etwas aufgestülpter Nase und etwas aufgeworfenen Lippen, aber sehr schönen, dunklen Augen . . .«, das mehr dem eines jungen Neapolitaners glich. Der Klage über die nicht abzuschüttelnden Händler, die ihre Ware anpriesen, bis man grob werde, schließt Thomas Mann das Bekenntnis an, daß er schon beinahe zum Reisessen entschlossen sei, nur um von der Geschlechtlichkeit loszukommen.

Einmal unterstellt, es sei ihm dies mit oder ohne Diät nicht gelungen, und weiter unterstellt, er sei doch einmal einem jener zischelnden Zuhälter gefolgt – was spricht dagegen, daß der junge Thomas Mann ein homosexuelles Rencontre gehabt haben könnte, und was spricht dagegen, daß der fast sechzigjährige weltberühmte Autor eben diese Erfahrung als so belastend und kompromittierend empfand, daß er ihre Enthüllung als tödliche Gefahr ansah, als Ruin seines Rufs, dem er im Zweifelsfall den Freitod vorziehen würde?

Es sind die Briefe und Tagebücher, die leise dagegen sprechen und bei deren genauer Lektüre sich die Horizontlinie verschiebt. Denn es geht zweierlei aus ihnen hervor. Das erste ist, daß Thomas Mann mit den jungen Männern ganz offensichtlich über einen schüchternen Kuß nie hinausgelangt ist. Das soll nicht heißen, daß für sein Abirren ins mala-vita-Viertel Neapels oder Roms nicht manches spräche; wie wir sehen werden, spricht dafür sogar einiges. Es heißt nur, daß es dabei nicht zu einer erfüllten homosexuellen Begegnung gekommen sein kann. Die blieb ihm, wie alle privaten Aufzeichnungen nahelegen, ein Leben lang verwehrt.

»Erfüllung« ist dabei gerade das Wort, das er benutzt, als er kein Jahr nach der Koffer-Entwarnung beim Blättern in den geretteten Tagebüchern seine letzte Leidenschaft Revue passieren läßt: die Freundschaft mit Klaus Heuser, der im Herbst 1927 bei ihnen in München zu Gast gewesen war und den er wiederholt in Düsseldorf besucht hatte. »Tief aufgewühlt, gerührt und ergriffen« ist er von dem Rückblick auf dieses Erlebnis,

> das mir heute einer anderen, stärkeren Lebensepoche anzugehören scheint, und das ich mit Stolz und Dankbarkeit bewahre, weil es die unverhoffte Erfüllung einer Lebenssehnsucht war, das »Glück«, wie es im Buche des Menschen, wenn

> auch nicht der Gewöhnlichkeit, steht, und weil die Erinnerung daran bedeutet: »Auch ich«. (24. 1. 1934)

Das könnte noch alles mögliche bedeuten und würde die Frage offenhalten, was er unter »Erfüllung« begreift. Ebenso ist es mit einem anderen Wort, das in weniger keuschen Ohren expliziteren Klang genießt:

> Las lange in alten Tagebüchern aus der Klaus Heuser-Zeit, da ich ein glücklicher Liebhaber. Das Schönste und Rührendste der Abschied in München, als ich zum ersten Mal »den Sprung ins Traumhafte« tat und seine Schläfe an meine lehnte. Nun ja, – gelebt und geliebet. Schwarze Augen, die Tränen vergossen für mich, geliebte Lippen, die ich küßte, – es war da, auch ich hatte es, ich werd es mir sagen können, wenn ich sterbe. (20. 2. 1942)

Was Thomas Mann darunter verstand, ein Liebhaber zu sein, geht aus einem Interview mit dem 77jährigen Klaus Heuser hervor. Es gab nicht mehr als eine Umarmung und einen Kuß, kaum diesen kann der einst Verherrlichte bestätigen; eine bloße Freundlichkeit des gar nicht verliebten Jungen, der von dem Gefühlszauber, den er erregte, fast nichts mitbekam.[17] Von Thomas Mann wiederum wissen wir, daß dieser Kuß der Höhepunkt seines erotischen Lebens war. Klaus Heuser nämlich, so schreibt er am 16. 7. 1950, als er eine Art Bilanz seiner Amouren zieht, war der Jüngling, der ihm »am meisten Gewährung entgegenbrachte«.

Über die tatkräftigeren Homosexuellen äußert er sich voller Indignation. Nach der Lektüre Gore Vidals bemerkt er: »Das Sexuelle, die Affairen mit den diversen Herren mir eben doch unbegreiflich. Wie kann man mit Herren schlafen.« (24. 11. 1950) Und auch wenn es nicht Herren, sondern Knaben sind, finden die ihnen auf den Leib Rückenden seine gesammelte Antipathie:

> Beendete das Buch über oder gegen Gides Journal. Verstimmt gegen ihn durch sein allzu direkt sexuell aggressives Verhalten gegen die Jugend, ohne Achtung, Ehrerbietung vor ihr, ohne sich seines Alters zu schämen, unseelisch, eigentlich lieblos. Ich – und einem geliebten Jungen irgend etwas zumuten! Undenkbar! *Seine* Verehrung durch Niederträchtigkeiten stören! Befremdung. (6.10.1951)

Wenn es aber neben den geliebten Jungen auch noch die ungeliebten gab, wenn er zwei strikt getrennte Kategorien gehabt hätte, eine, die den göttlichen Jüngling umfaßte, dem nicht zu nahe zu treten war, und eine zweite, in der sich gesichtslose bloße Körper und käufliche warme Fleischpuppen tummelten? »Ich sage, trennen wir den Unterleib von der Liebe!« belehrt der Zwanzigjährige den Freund Grautoff, ganz nach der bürgerlichen Konvention seiner Zeit.[18] Es klingt etwas nach juveniler Großsprecherei, und es steht auch in scharfem Kontrast zu der einzigen Lehre, die er im Werk je mit religiöser Verve vertreten hat, dem Axiom von der heiligen Liebe, in der sich das Fleischlichste mit dem Geistigsten mische und mischen müsse. Nun könnte dieses Axiom gerade der Wiedergutmachung und Buße eines herzlosen Abstiegs in die Abenteuer des Fleisches dienen. Aber da gibt es den einen Konjunktiv, der solche vollzogenen Abenteuer doch eher unwahrscheinlich macht. Im Halbschlaf träumt der Greis, daß er von Franzl, dem Letztgeliebten und »Repräsentanten der ganzen angebeteten Gattung«, mit einem Kuß Abschied nähme. Freilich:

Ob die Wirklichkeit mich *je* tauglich gefunden hätte, ist eine Frage für sich. (6.3.1951)

Was doch nichts anderes heißen kann, als daß sie ihn über den Kuß hinaus nie auf die Probe gestellt hat. Woraus wir wiederum schließen dürfen, daß in den frühen Tagebüchern, was die angebetete Gattung betrifft, allenfalls Träumereien, nicht jedoch krude Tatsachen beschrieben worden sein können.

Diese Träumereien aber hatte Thomas Mann längst öffentlich gemacht. Was ihm, falls es ruchbar würde, als »unaussprechliche Gefahr« erschienen sein soll, davon sprach er dreißig Jahre lang immerzu. Gerade wenn man nicht den Fehler begeht, die heutige Liberalität zurückzuspiegeln auf die Zeit, als es noch hochriskant oder unmöglich war, sich als Homosexueller zu bekennen, wird man sich darüber wundern, wie weit er sich vorgewagt hat. Wie Thomas Mann über die Homoerotik schreibt, ist von erstaunlicher Offenheit und erstaunlichem Mut. »Die Sache war die, daß Tonio Hans Hansen liebte und schon vieles um ihn gelitten hatte« (VIII, 273),[19] so stand es schon 1903 im *Tonio Kröger,* und an dieser Sache sollte sich in den nächsten Jahrzehnten nichts ändern. Auch Castorp wird Madame Chauchat nur deshalb lieben, weil sie ihm mit ihren Kirgisenaugen als Wiederverkörperung seines Jugendschwarms Hippe erscheint. Und weder Clawdia Chauchat noch Inge Holm noch eine der anderen matten Frauenfiguren, mit denen Thomas Mann die Helden flankiert, kann gegen die tiefere Attraktion der Hansens und Hippes bestehen.

Wenn man darüber immerhin noch hinweglesen konnte, so doch schlecht über die Geschichte Gustav von Aschenbachs. Hier fällt der letzte Schleier der Camouflage,[20] das weibliche Hilfspersonal wird nach Hause geschickt, im Mittelpunkt lockt der vergötterte Tadzio allein. Spätestens ab 1912, spätestens mit dem *Tod in Venedig*, in dem Thomas Mann von einem leicht als alter ego zu erratenden Schriftsteller erzählt, der in blinder Passion einem Knaben verfällt, wußte man nicht nur im George-Kreis über das offene Geheimnis Bescheid. Wenn er 1933 bereit ist, vor der Aufdeckung seiner Homophilie in den Tod zu fliehen, hätte er die venezianische Novelle nie veröffentlichen dürfen. Oder er hätte die Zeit nach ihrer Publikation – im Kaiserreich und vor der freieren Ära der Weimarer Republik – in einem furchtbaren Erregungszustand verbracht. Es schützte ihn ja keiner davor, daß irgendein Leser plump genug sein könnte, das Naheliegende auszusprechen und zu sagen: »Da kommt jedes Wort aus Erfahrung; es ist keines darin, das nicht genau auf sein eigenes Leben gemünzt wäre«.[21] Was immer die Sorgen waren, die Thomas Mann hierüber hatte – und natürlich war er nervös vor der Kritik –, sie haben ihn nicht davon abgehalten, im Lauf der Jahre eine Sorge genau entgegengesetzter Art zu entwickeln. Er hätte mit Aschenbachs Verfallsgeschichte die Homoerotik verunglimpfen wollen? Carl Maria Weber deutet ihm so etwas an, und er unternimmt energische Schritte, um seinen Ruf zu retten.[22] Hätte Herr Weber nur teilgenommen an dem Gespräch neulich abend, das er mit Seidel und Kurt Martens hatte. Es konnte ihm doch nicht entgangen sein, daß *Der Tod in Venedig* hymnischen Ursprungs war. Und es wäre ihm, dem Verfasser, höchst unerwünscht, wenn Ihnen – und anderen – der Eindruck bliebe, daß ich eine Gefühlsart, die ich ehre, weil sie fast notwendig – mit viel mehr Notwendigkeit jedenfalls, als die »normale« – *Geist* hat, hätte verneinen oder sie, soweit sie mir zugänglich ist – und ich darf sagen, sie ist es mir kaum bedingter Weise – hätte verleugnen wollen.

Das ist zwar überaus gewunden – auf eine Weise gewunden, die uns bei anderer Gelegenheit wieder begegnen wird –, aber es ist eindeutig, und wäre es auch, wenn er nicht im selben Brief noch hinzufügen würde: »Sagen Sie mir, ob man sich besser ›verraten‹ kann«.[23] Er wollte sich verraten, nur war der Empfänger etwas ungelenk und schwer von Begriff, so daß Thomas Mann das entscheidende Wort drei Wochen später noch einmal erklären muß:

»Kaum bedingt«, das heißt: fast unbedingt. Sie haben das nicht verstanden und loben mich für mein Einfühlungsvermögen. Aber so liegen die Dinge nicht; und ohne ein persönliches Gefühlsabenteuer wäre aus der Goethe-Novelle nicht der Tod i. V. geworden.[24]

Bei Herrn Weber – und anderen – wird der falsche Eindruck danach getilgt gewesen sein. Thomas Mann hat nicht dementiert, daß er mit Aschenbach fühlt; er hat dementiert, daß er es nicht täte. Und wenn dieses Dementi auch einer kleinen Gruppe gegolten hat – in der es freilich Kreise ziehen würde und ausdrücklich sogar sollte –, so scheut er doch auch die größere nicht. Der Brief an Weber war privat, aber der an Hermann Keyserling war öffentlich. »Über die Ehe« lautete das Thema, wovon Thomas Mann aber lange Strecken handelte, war die Homoerotik und ihr Doppelgesicht aus Verfluchtheit und Stolz. (X, 195-199) Niemand hatte ihn danach gefragt. Er spricht davon auch unaufgefordert, er nutzt nicht nur die Gelegenheit, er sucht und erzwingt sie auch dann, wenn es gar nicht zum Anlaß paßt. »Ich will es wagen, in diesem Zusammenhange, der ein politischer Zusammenhang bleibt, mit aller gebotenen Behutsamkeit und Ehrerbietung von einem Gefühlsbezirk zu reden« (XI, 847), beginnt er da an prominentem Ort, und man muß sich klarmachen, daß er wirklich etwas wagt, der Mann der *Betrachtungen,* die Zierde der Reaktion, der 1922 im Münchener Beethovensaal vor dem konservativen Publikum steht, um ihm zu erläutern, daß er einen Umschwung vollzogen hat und zum Republikaner geworden ist, und der diesen Umschwung unter anderem damit begründet, daß auch Walt Whitman in seiner phallisch strotzenden Inbrunst der Sänger der Demokratie gewesen sei und daß Demokratie und Männerliebe derselben Wurzel entsprössen. (XI, 849)[25] Er will die völkische Jugend gewinnen, die in geheimen Männerbünden die Republik terrorisiert, das ist der politische Zusammenhang, von dem er spricht.[26] Aber man hat den Eindruck, daß es kaum ein Thema gab, bei dem er es nicht forciert und jenem Gefühlsbezirk einen kurzen Besuch abgestattet hätte. Als er fünf Jahre später in der Heuser-Zeit wieder persönlich in ihm lustwandelt, macht er nirgends einen Hehl daraus. »Kein Doppelleben, alle wußten davon.«[27]

Und 1933 soll ein längst öffentlich ausphantasierter Kuß genügt haben, ihn in den Selbstmord zu treiben. Natürlich ist es ein Unterschied, ob dem Gegner private Aufzeichnungen in die Hände fallen oder literarische Schriften, so wie es ein gewaltiger Unterschied ist, ob man einen Kreis von Mitwissern hat oder öffentlich an den Pranger gestellt wird. Aber wie wäre es mit dem Pranger gewesen? Man darf sich von der dunklen Jahreszahl nicht dazu verleiten lassen, die kleinen Schattierungen zu übersehen. Die wütende Verfolgung der Homosexuellen begann nicht sofort mit der Machtübernahme.[28] Die Verschärfung des § 175 trat im September 1935 in Kraft; erst ab dann wurden nicht nur beischlafähnliche Handlungen zwischen Männern bestraft – wie bis zu Thomas Manns Lebensende –, sondern schon eine Berührung oder ein Kuß. Der Röhm-Putsch, entscheidender Einschnitt, war ein Jahr zuvor. Es ist aufschlußreich, wie Thomas Mann ihn kommentiert. Nach der üblichen Lesart fand er hier ja die grelle und übersteigerte Version des Schicksals, das ihm hätte drohen können, wenn seine Tagebücher gefleddert worden wären. Die Ermordung des homosexuellen Röhm und die Kampagne der nazistischen Presse – man müßte erwarten, daß er diese Nachrichten nicht nur angelegentlich verfolgt, sondern daß seine Gedanken auch zu dem April zurückschweifen, in dem er selbst das Opfer des neuen Regimes zu sein schien.

Am 30. Juni 1934 erfährt er von der »Meuterei der S. A. und Röhms, der von Hitler ausgestoßen und abgesetzt«. Es folgt eine kurze Schilderung der Ereignisse mit dem üblichen Degout vor dem »Sumpf von Lüge, Rohheit und Verbrechen«. Zwei Tage darauf, am 2. Juli: »Das Maß an dummer Schamlosigkeit ist unerträumbar, es hat nie so etwas gegeben. Ebenso enorm ist die Albernheit, das ganze auf eine moralische Säuberungsaktion hinauszuspielen und von einem ›reinigenden Gewitter‹ zu sprechen [. . .].« Albernheit, das ist sein einziges Wort dafür. Es fiel auch am Tag zuvor in dem einzigen Satz, mit dem er das persönlich Heikle, den Propagandagrund der Mordtat bedenkt:

> Hitlers Unternehmen gegen die Villa Roehms in Wiessee, wo Heines mit einem jungen Mann im Bett überrascht und erschossen wurde. Albernes Hervorkehren der längst bekannten »sittlichen Verfehlungen«.

Das ist alles, mehr sagt er dazu nicht. Ist »albern«, fragt man sich, der Ausdruck, den er verwenden würde, wenn er als Exempel statuiert sähe, wovor er einen Monat lang gebebt hatte? Man würde eine stärkere Reaktion erwarten, einen Rückblick auf den Koffer-Verlust;[29] ein anderes Wort als dieses abgeklärte, das nicht recht passen will zur Hysterie ein Jahr zuvor.

Zu etwas anderem paßt es aber genau. Es paßt zu dem Ton, mit dem Thomas Mann in all diesen Aufzeichnungen seine Homoerotik behandelt, ein Ton von erstaunlicher Lässigkeit und Nonchalance. Das ist das zweite, was aus den späteren Tagebüchern hervorgeht: Thomas Mann war nicht der Typus, sich seiner Sehnsüchte wegen als Sünder zu empfinden. Bei allem Protestantismus war er nicht »quakerhaft« genug, um sich abirrender Gelüste wegen schuldig zu fühlen.[30] Für diese Art Schuldgefühl, mit dem sich die neuere Forschung vieles erklärt, das Schuldgefühl, das sich aus dem Bewußtsein sexueller Abweichung speisen soll,[31] findet sich nirgends ein Beleg. Warum sollte er sich auch für etwas schuldig fühlen, mit dem er sich in bester künstlerischer Gesellschaft wußte, für etwas, in dem er das Fundament auch der eigenen Kunstübung sah (6. 8. 1950) und das ihm bei aller Problematik immer als sakral galt – »verworfen, lächerlich, und heilig doch, ehrwürdig auch hier noch« (VIII, 498), wie die von Aschenbach gehauchte feststehende Formel der Leidenschaft?[32] Manchmal hört man sogar das Gegenteil heraus. In seiner Franzl-Zeit schreibt er im Tagebuch, die »Nicht-Empfänglichkeit« für die Schönheit des Jung-Männlichen sei ihm »bis zur Verachtung unbegreiflich«. (28. 8. 1950) Daraus spricht weniger Zerknirschung als viel eher der Stolz, einer wenn auch stigmatisierten Elite anzugehören. »Platen und andere, von denen ich nicht der Unterste, haben das in Scham, Schmerz und mutlosem Gefühl, *das dennoch seinen Stolz hat,* erlebt.« (11. 7. 1950) Scham und Stolz; aber nicht Schuldgefühl. »Tatsächlich«, bemerkt er mit solch kaum verborgenem Stolz im Ehe-Essay, »ist über eine Gefühlszone, aus der das Mediceer-Grabmal und der David, die Venezianischen Sonette und die Pathétique in h-moll hervorgegangen sind, nicht gut schimpfen oder spotten.« (X, 196) Daß er ein Leben lang unter der Geschlechtlichkeit litt, ist das eine,[33] und auch das kennt seine temporäre Aufhellung. Aber Selbstgeißelung und tödliches Tabu? Es ist eine andere Atmosphäre, die uns aus den Tagebüchern und Briefen entgegenweht. Sie ist viel freier, als es das bürgerlich Zugeknöpfte des Hanseaten lange vermuten ließ. Man muß nur weiterblättern in dem Band, der die Koffer-Entführung enthält. Ein knappes Jahr später schreibt er über Platens Ghasel »Ich bin wie Weib dem Mann, wie Mann dem Weibe Dir«: »Wie seine spiritualisierte und über-erotische Leidenschaft mir ins Blut ging, als ich liebte!« (25.2.1934) Das ist so wenig eingetrübt von protestantischer Gewissensnot wie sein Schwärmen nach dem Besuch eines deutschen Films, bei dem er der »Freude an jugendlichen Körpern« nachsinnt,

> namentlich männlichen in ihrer Nacktheit. Das hängt mit der deutschen »Homosexualität« zusammen und fehlt unter den Reizen französischer und auch amerikanischer Produkte: das Zeigen jungmännlicher Nacktheit in kleidsamer, ja liebevoller photographischer Beleuchtung, sobald sich Gelegenheit dazu bietet. [. . .] Die Deutschen, oder die deutschen Juden, die das stellen, haben sehr Recht: es gibt im Grunde nichts »Schöneres«, und der Gedanke, daß dies »Schönste« das allergewöhnlichste ist und »alle Tage vorkommt«, den ich im »Joseph« ausdrückte, ließ mich wieder lächeln. (4.2.1934)

Daß der Kinobesucher aus der Homosexualität bei dieser Gelegenheit eine Nationaleigenschaft macht, weist noch einmal darauf hin, daß er sich nicht persönlich verdammt fühlen kann: problematisch und tief ist das »Deutsche« so wie er; kein Grund, sich als der Auserwählte des Satans zu fühlen. Drei Monate später vertieft er sich in alte Aufzeichnungen aus der Zeit seiner Liebe zu Paul Ehrenberg, das melancholische Gefühl jener verklungenen Epoche spricht ihn »vertraut und lebenstraurig« an, und er blickt zurück: auch er hat auf seine Art das Menschliche ausgebadet, hat sogar in die Arme schließen können, was er ersehnte. Das Erlebnis mit K.H. war ein »spätes Glück mit dem Charakter lebensgütiger Erfüllung, aber doch schon ohne die jugendliche Intensität des Gefühls, das Himmelhochjauchzende und tief Erschütterte jener zentralen Herzenserfahrung meiner 25 Jahre«. Der Satz, mit dem er den Rückblick beendet, müßte den Interpreten zu denken geben, die so ein großes Argument aus dem Gefühl der Abweichung machen, das den Familienvater heimlich verzehre. Abgewichen wird von der Regel, von der Norm, vom Kanon. Was Thomas Mann unter diesen dreien versteht, erfahren wir aus dem folgenden:

> So ist es wohl menschlich regelrecht, und kraft dieser Normalität kann ich mein Leben stärker ins Kanonische eingeordnet empfinden, als durch Ehe und Kinder. – (6. 5. 1934)

Das ist ungefähr das Gegenteil dessen, was er hätte sagen dürfen, wenn er die jüngere Lehrmeinung hätte stützen wollen.

Thomas Mann war kein unter den Skorpionen der bösen Lust ächzender Asket. Er war kühn genug, Goethe im Siebenten Kapitel der *Lotte in Weimar* mit einer Morgenerektion erwachen zu lassen. Hinter der Patrizierfassade seines Hauses ging es anders zu, als man es sich gewöhnlich vorstellt. Niemand nahm Anstoß daran, wenn Klaus seine wechselnden Freunde mitbrachte oder Erika tagelang unter Drogen stand. Umgekehrt nahmen die beiden keinen Anstoß daran, wenn ihr Vater sie ermahnte, ihm bei seiner jüngsten Eroberung nicht in die Quere zu kommen: »Ich nenne ihn [Klaus Heuser] Du und habe ihn beim Abschied mit seiner ausdrücklichen Zustimmung an mein Herz gedrückt. Eißi ist aufgefordert, freiwillig zurückzutreten und meine Kreise nicht zu stören. Ich bin schon alt und berühmt, und warum solltet ihr allein darauf sündigen?«[34]

So der Ton im Hause Mann, der nichts hat von Prüderie. Die späten Tagebücher zeigen, wie der Patriarch es geradezu genoß, wenn die Familie ihn frotzelte und wegen seiner zu tiefen Kellnerblicke aufzog. In der Zeit des Herzeleids um Franzl notiert er: »Übrigens ist nichts mir lieber, als wenn Erika über jene Vorgänge, Gespräche mit ihm, das Geschenk von 5 Franken etc., scherzt.« (28.7.1950) Auch vor seiner Frau, die Franzls Augen »sehr kokett« findet, macht er keine Geheimnisse. »Sagte ihr, er wisse längst, daß ich ein Faible für ihn habe.« (12.7.1950) Lange wendet er hin und her, was genau ihn an dem göttlichen Jungen betört. »Es müßte lieblich sein, mit ihm zu schlafen, aber ich stelle mir von seinen Gliedern nichts Besonderes vor [...].« (19.7.1950) Was immer seine Leidenschaft färbt, heißes Sündenbewußtsein ist es jedenfalls nicht. Er opponiert auch nicht, wenn man diese Leidenschaft seinem Werk abliest. »Nun, freilich wohl«, kommentiert er im Tagebuch Erikas Bemerkungen »über den homosexuellen Untergrund des Romans«. (3.3.1951) Es ist der *Felix Krull*, den sie meint und auf den sie neun Monate später noch einmal zurückkommt. »Erika auf der Heimfahrt über das Erzpäderastische (›Schwule‹) der Szene. Soit.« (31.12.1951) Die Geste des Gewährenlassens ist immer die gleiche; auch als die Tochter ihm ihre Vermutung über seinen Lieblingsenkel vorlegt: »Erika beim Abendessen, behauptet, Frido zeige alle Zeichen der Homosexualität. Ich bezweifelte die Möglichkeit, aus Kindergrazie den Schluß zu ziehen. [...] Im Übrigen – sei es. –« (4.1.1949)

Diese Lässigkeit kennt er nicht nur innerhalb der Familie. Selbst mit Adorno tauscht er sich über die untergründige Homosexualität des *Doktor Faustus* aus.[35] Und an einen Bekannten schreibt er ein Jahr vor seinem Tod:

> Ihr Brief war [. . .] ein interessantes, humorvolles Dokument, der Sache nach sehr richtig, wenn auch wohl eine verbreitetere Praktizierung der Homosexualität (sie ist ja ganz hübsch verbreitet und erregt kaum noch Anstoss) kein ausreichendes Mittel gegen die Vermassung und Verdummung der Welt wäre. *So* verbreitet ist die Neigung dazu doch wieder nicht und wird es wohl nie sein. Was mich betrifft, so bin ich weit entfernt, es übel zu nehmen, wenn man mich ihrer zeiht. Bitte sehr![36]

»Furchtbares, ja Tötliches kann geschehen« und dann dieses »Bitte sehr!« – so recht reimt sich das nicht zusammen. Es liegen zwanzig Jahre dazwischen, aber die souveräne Geste ist nicht nur Altersgelassenheit. Schon 1920 fehlte nicht viel, und er hätte »Bitte sehr!« gesagt; etwas verklausuliert hat er es ja getan. In dem Brief an Weber bekennt er sich zu seinen Gefühlsabenteuern, vor einem Kreis, von dem er nicht erwarten konnte, daß er verschwiegen damit umgehen würde, von dem er sogar das Gegenteil erhofft. Das scheint, um es vorsichtig zu sagen, nicht die besonnenste Art, ein Geheimnis zu bewahren, nach dessen Aufdeckung einem nur noch der Selbstmord bleibt.

Drei Tage, nachdem er diesen schlimmsten Schritt ins Auge faßt, liegt Thomas Mann nachts lange wach, »gequält von Altem«. Dieses Alte, das nicht ein Dauerzustand sein kann wie seine sexuelle Neigung es war, vermengt sich in seinen Gedanken mit den Geheimnissen: »Ich konnte nicht schlafen bis 3 Uhr, gequält von Altem u. namentlich von der Affaire des Koffers, hinter der mörderische Tücke lauert.« (2.5.1933) Wir wissen nicht, was dieser Koffer verbarg, aber vielleicht ist die Angst vor dem Anschlag auf die Geheimnisse seines Lebens nicht nur hysterisch, vielleicht sind diese Geheimnisse wirklich schwer und tief; vielleicht haben die Knaben all die Jahrzehnte über etwas verdeckt, was für einen Moment aufblitzt in diesem schwarzen April, in dem er fürchten muß, die Tür zur innersten Kammer werde gesprengt.

Ich habe Schlimmeres zu vergessen

Zum hundertsten Geburtstag seines Vaters hat Michael Mann dessen Lebenswerk in einer großen Rede unter das Doppelgestirn der *felix culpa* gestellt. Das Glückliche oder Geglückte an diesem Leben ist leicht zu erkennen, der »Grund von Gunst und Sonnigkeit«, den Thomas Mann bis ins hohe Alter durchscheinen sah. (27.8.1950) Aber nicht zu übersehen war auch der Schatten, der auf ihm lag, und nicht nur sein Sohn spürte den Anteil der Schuld.[37] Thomas Mann selbst spricht von dieser Schuld, als er sich in dem Vortrag *Meine Zeit* gegen klerikale Angriffe wehrt. In Deutschland sei seinem Lebenswerk von einem geistlichen Gremium jede Christlichkeit abgesprochen worden. Das sei schon Größeren geschehen und wecke Erinnerungen; im eigenen Fall aber habe er besondere Zweifel, die sich weniger auf den Inhalt seiner Schriften als auf den Impuls bezögen, dem sie ihr Dasein verdankten:

> Wenn es christlich ist, das Leben, sein eigenes Leben, als eine Schuld, Verschuldung, Schuldigkeit zu empfinden, als den Gegenstand religiösen Unbehagens, als etwas, das dringend der Gutmachung, Rettung und Rechtfertigung bedarf, –

> dann haben jene Theologen mit ihrer Aufstellung, ich sei der Typus des a-christlichen Schriftstellers, nicht so ganz recht. Denn selten wohl ist die Hervorbringung eines Lebens – auch wenn sie spielerisch, skeptisch, artistisch und humoristisch schien – so ganz und gar, vom Anfang bis zum sich nähernden Ende, eben diesem bangen Bedürfnis nach Gutmachung, Reinigung und Rechtfertigung entsprungen, wie mein persönlicher und so wenig vorbildlicher Versuch, die Kunst zu üben.[38]

Das sind schöne, ja noble Worte, an deren Wahrheit man nicht zweifeln muß, wenn man sich gleichwohl fragt, ob es die ganze ist. Jacob Burckhardt hat als Zwanzigjähriger bekannt, jeden Augenblick würde er sein Leben gegen ein Niegewesensein vertauschen und, wenn's möglich wäre, in den Mutterleib zurückkehren, obschon er kein Verbrechen begangen habe und unter günstigen Verhältnissen aufgewachsen sei.[39] Ganz ähnlich scheint das Grundgefühl Thomas Manns gefärbt, der den späten Nachruf auf seinen Sohn Klaus mit dem Satz beschließt, es fehlte nur, daß man von Undank spräche für so ein zweideutiges und schuldhaftes Geschenk, wie das des Lebens. (XI, 514) Dem Schopenhauerianer – oder geborenen Melancholiker – liegt die Schuld nicht im Tun und verfehlenden Handeln, sondern schon im Sein; im geschlechtlich aberranten Sein, wie die jüngere Forschung in seinem Fall meint.

Man fragt sich nur, ob eine so statische Schuld, die Sünde des im blinden Willen verstrickten Seins, den Schatten über diesem Leben erklärt und ob sie als Stimulanz für dieses Werk genügt. Manche Kenner Thomas Manns drücken sich aus, als hätten sie Zweifel daran. »Über einer erschreckend schmalen Basis an intensiver Lebenserfahrung, Lebenserschütterung«, schreibt Reinhard Baumgart, »erhebt sich ein wahrer gotischer Dom an strukturellem Reichtum. Die Bewunderung fragt, wie das möglich wurde, das Entsetzen möchte wissen, warum das so nötig war.«[40] In ähnlicher Mischung aus Bewunderung und Entsetzen nähert sich dieser Frage auch Hans Wollschläger bei seiner Wiederlektüre des *Doktor Faustus:* »*Opferstimmung* hatte zwielichtig genug, nicht Verlustgefühl, die Befindensbenennung während der Arbeit geheißen: etwas unerhört Aktives bewegte sie und blieb T. M. als Tat bewußt, nicht als Erleidnis, als er darauf zurücksah. Wäre diese Tat-Kraft die Spur, die zu seinem *Lebensgeheimnis* führte?«[41] Nicht von Taten, sondern von religiösem Unbehagen war in Thomas Manns Ansprache die Rede. Aber es gibt Äußerungen von ihm, in denen die Schuld ein weniger passives Gepräge hat. In dem Essay *Süßer Schlaf* von 1909 findet er Worte über die Sünde, die etwas anderes anklingen lassen als *Meine Zeit:*

> Nur der Spießbürger glaubt, daß Sünde und Moralität entgegengesetzte Begriffe seien: sie sind eins; ohne die Erkenntnis der Sünde, ohne die Hingabe an das Schädliche und Verzehrende ist alle Moralität nur läppische Tugendhaftigkeit. Nicht Reinheit und Unwissenheit sind der im sittlichen Sinne wünschenswerte Zustand, nicht egoistische Vorsicht und die verächtliche Kunst des guten Gewissens machen das Sittliche aus, sondern der Kampf und die Not, die Leidenschaft und der Schmerz. (XI, 337)

Spießig, läppisch, egoistisch, verächtlich – da wird viel aufgeboten, um den Nicht-Sünder herabzusetzen und das schlechte Gewissen zu nobilitieren. Es fragt sich –

es ist immer noch die gleiche Frage –, ob diese Herabsetzung nur interesselose Betrachtung oder ob sie pro domo gesprochen ist, worauf nicht nur der Nachdruck, sondern auch der autobiographische Charakter der an ein »du« adressierten, sehr intimen Schrift zu deuten scheint. Die Sünde ist hier jedenfalls, mit Kampf, Not, Leidenschaft und Schmerz, aufwühlend bewegt gedacht und nicht als Urschuld, die jedes Menschenkind zu tragen hat.

Die Erbsünde kann der junge Mann auch nicht meinen, wenn er an Grautoff aus Rom vom »Augias-Stall« seines Gewissens schreibt.[42] »Erlitten hat das bange Herz / Begier und Furcht und Graun«, zitiert er ein Jahr später aus Platen-Versen, von denen er sagt, sie gäben seinen Zustand in aller Schönheit, Klarheit und Knappheit wieder.[43] Zwei Jahre darauf, im Winter 1900, hat er »Depressionen wirklich arger Art mit vollkommen ernst gemeinten Selbstabschaffungsplänen«. Es ist der Beginn der Ehrenberg-Liebe mit ihren Qualen und ihrem »unbeschreiblichen, reinen und unverhofften Herzensglück«,[44] eine Zeit, aus der wir neben dem suizidären auch jauchzende Briefe von ihm haben. Für einen Moment kann es scheinen, als hätten sich »das schlechte Gewissen, das Schuldgefühl, die Wut auf die Welt«, die er aus der eigenen Jugend an Bruder Hitler wiedererkennt (XII, 848 f.), nur eben dieser zu verdanken, der Jugend mit ihrer Bummelei und dem heftigen Ausbrechen der unklar gepolten Geschlechtlichkeit. Aber bald flackert wieder etwas anderes durch die Notizen und Briefe. Im Januar 1904 antwortet er seinem Bruder Heinrich, der ihm vorgeworfen hatte, in einer Rezension Attacken gegen ihn versteckt zu haben:

> Du bezeichnest Sie [sic], in äußerst eleganter Umschreibung, als eine Gemeinheit – nun! Ich könnte mich verteidigen [. . .]; aber ich will meine That nicht im Stiche lassen, sondern sie auf mich nehmen, – ich habe Schlimmeres zu vergessen.[45]

Was denn aber? Doch nicht die Wirren der Geschlechtlichkeit offenbar, sondern Taten, Handlungen; Gemeinheiten eben und Schlimmeres. Drei Jahre später haben sich die Wirren vorerst gelöst, er ist vermählt mit einer Prinzessin von einer Frau, nichts gleicht seinem Glück, Glanz umgibt ihn, man nennt seinen Namen nur mit hochgezogenen Brauen, er hat zwei blühende Kinder – das alles er, ein »zur Ausschweifung geneigter und in jedem Betrachte anrüchiger Scharlatan«. (XI, 331 f.)

Was er in der autobiographischen Skizze *Im Spiegel* so selbstironisch beschreibt, läßt nicht vermuten, wie es in seinem Innern aussieht. Und fast liest man auch in dem Brief, den er im Jahr zuvor seinem Verleger schreibt, über das im Plauderton versteckte Bekenntnis hinweg: »Arbeit ist schwer, ist oft genug ein freudloses und mühseliges Stochern. Aber *nicht* arbeiten – das ist die Hölle. –«[46] Dort also lebt er, wenn er den Gram und die Qualen, die er K. verschweigt, nicht im Werk bearbeiten kann, und man fühlt sich daran erinnert, was er später über Dostojewski sagen wird: »In seinem Leben, das letzten Freimut, letzte Preisgabe vor den Augen der Welt nicht ertrug, herrscht das Geheimnis der Hölle.«[47]

Das Leiden verschwindet nicht nach der *Tonio Kröger*-Zeit, es unterminiert die mittleren Jahre, und im Alter wirft es sich fast zum Alleinherrscher auf. Seit Veröffentlichung der Tagebücher weiß man, wie ernst es ihm ist, wenn er Prosperos *And my ending is despair* anführt. Seine letzten Jahre werden von diesem *despair* zernagt. In der Zeit der Franzl-Turbulenz 1950 hält er am 28. August fest: »Daß *alle* Erinnerung für mich im Wesentlichen peinvoll ist, und daß ich ganz aufs Vorwärtsblicken angewiesen bin, bleibt bestehen.« Im Jahr darauf verdüstert sich auch dieser Blick nach vorn: »Meist graut mir vor allem. Ich habe fast keine anderen als peinliche Erinnerungen und die Zukunft scheint nur Versagen zu bergen.« (15. 12. 1951) Ab und zu gibt es noch die »Bilder am Wege«, die Blicke auf junge Männer, die ihn für einen Moment erfreuen. Aber ein weiteres Jahr später, in dieser tiefdunklen Zeit der Greisendepression: »Mein Abnehmen, das Alter, zeigt sich darin, daß die Liebe von mir gewichen scheint und ich seit langem kein Menschenantlitz mehr sah, um das ich trauern könnte. Mein Gemüt wird nur noch freundlich bewegt vom Anblick der Creatur, schöner Hunde, Pudel und Setter.« (20. 12. 1952)

Dann müßte sich wenigstens auch das Schuldgefühl lindern, wenn es der verbotenen Liebe galt. Dessen Druck nimmt aber nicht ab; in den letzten Jahren befaßt sich Thomas Mann fast nur noch mit der Gnade, dem heilenden Pendant der Schuld. – Was sammeln sich in einem langen Leben nicht auch für Gründe an, sich schuldig zu fühlen, was sammelt sich nicht gerade bei dem selbstsüchtigen Künstler an, der am Leben schmarotzt, so wie der »Vampyr« der Kunst an ihm,[48] und in dessen Schatten so vieles verdorrt.[49] Freilich, nicht dieses Schuldgefühl des Künstlers, und auch nicht das halbreligiöse des Schopenhauerianers, so stark sie beide ein spezifischeres Schuldgefühl unterströmen oder überlagern werden, können mit dem *Alten* zusammenhängen, das schwarz auf weiß in den frühen Tagebüchern stand, die der Feind nur hätte ausschlachten müssen, um ihn in den Selbstmord zu treiben. Und es ist auch nicht die Erbsünde oder die Schuld des egozentrischen Künstlers, die im Spätwerk die Gnade auf den Plan ruft, um deren Idee dieses Spätwerk kreist. Die Urschuld dort ist Handlung, nicht Sein.

So sieht es Thomas Mann auch bei dem, den er in der Hölle glaubt. Bei Dostojewski läßt er kein Mißverständnis darüber aufkommen, wie das Schuldgefühl beschaffen sein muß, das ein Lebenswerk grundiert. 1945 verfaßt er das Vorwort zu einer Sammlung von Erzählungen *Dostojewski – mit Maßen*, in dem er sich in ganz ähnlichen Worten äußert wie fünf Jahre später in *Meine Zeit*. Allerdings mit einem bezeichnenden Zusatz. »Es ist kein Zweifel«, schreibt er da:

> Es ist kein Zweifel, daß allezeit das Unterbewußtsein und selbst das Bewußtsein dieses gigantischen Schöpfers von einem schweren Schuldgefühl, dem Gefühl des Verbrecherischen belastet – und daß dies Gefühl keineswegs nur hypochondrischer Art war.[50]

Nicht also die gottsuchende russische Seele, die es ihm so leicht gemacht hätte, auch dieses Schuldgefühl metaphysisch umzudeuten – nein, etwas Handfestes, nicht-Hypochondrisches legt Thomas Mann dem Schuldgefühl Dostojewskis zugrunde. Wenn wir uns nun an den höchsten, ja heiligen Rang erinnern, den der russische Epiker in seinem Leben einnahm, wenn wir uns weiter daran erinnern, daß diese Einführung in der *Faustus*-Zeit entstand, daß sie Dostojewski fast aufdringlich an die Seite Nietzsches rückt und daß dessen Abbild Leverkühn eingestandenermaßen ein Selbstportrait ist; wenn wir schließlich an die Angst um die tödlichen Geheimnisse der Tagebücher denken, dann beschleicht uns eine Ahnung. Es ist die Ahnung, er könnte es auch dieses Mal so gehalten haben wie bei den Portraits von Chamisso, Kleist und Platen, von Goethe, Schopenhauer, Gide, Verlaine, von Wagner, Michelangelo, Tschechow und Schiller.

> Ich liefere in meinen Productionen michselbst [sic] mit einer solchen Leidenschaft aus, daß die paar Indiscretionen gegen andere daneben eigentlich kaum in Betracht kommen.[51]

Das schreibt Thomas Mann 1904, und diesem Bekenntnis bleibt er auch in seiner Essayistik treu. Alle betrachtenden Schriften, so viel man aus ihnen über die Geschilderten erfährt, sind ihm nur Anlässe zu jener Leidenschaft, nur Äußerungen »gelegentlich eurer«, wie es in der frühen Rechtfertigung *Bilse und ich* heißt; und von ihnen allen gilt: »Nicht von euch ist die Rede, gar niemals, seid des nun getröstet, sondern von mir, von mir . . .« (X, 22) Zumindest gilt es für die genannte Reihe, deren selbstausliefernder Charakter in der Forschung so gut belegt und bekannt ist, daß es schon das Triviale streift. Nur bei Dostojewski hat noch niemand den Blick vom Portraitierten zurückgewendet zum Künstler selbst. Man zögert etwas bei dieser Wendung des Blicks, aber kann sich der Frage doch nicht entziehen: Sollte am Ende das Schuldgefühl auch dieses gigantischen Schöpfers nicht-hypochondrischer Natur gewesen sein?

Mit dieser Frage oder Ahnung ist der Punkt erreicht, an dem man schwankt, ob man die Überlegungen nicht besser abbrechen sollte, um sich aufs sichere Terrain des *ignoramus, ignorabimus* zurückzuziehen. Aber es ist Thomas Mann selbst, der uns weiterwinkt. Über den Umweg der Krankheit, die »klar und eindeutig sexueller Herkunft« sei, führt er Dostojewskis Schuld auf ein traumatisches Ereignis, ein frühes Verbrechen zurück. Im *Raskolnikow* werde von Swidrigailow gesagt, in seiner Vergangenheit gäbe es eine »kriminelle Sache mit einem Beigeschmack von tierischer und sozusagen phantastischer Rohheit, für die er mit größter Wahrscheinlichkeit nach Sibirien geschickt worden wäre«. Es bleibe, erklärt Thomas Mann,

> der mehr oder weniger willigen Phantasie des Lesers überlassen, zu erraten, um was es sich handelt: allem Anschein nach um ein Vergehen auf dem Gebiet der Wollust, wahrscheinlich um eine Kinderschändung, – denn das ist auch das Geheimnis oder ein Stück des Geheimnisses im Leben jenes eisigen und verachtungsvollen, von schwächeren Naturen im Staub angebeteten Herrenmenschen Stawrogin in den »Dämonen«, vielleicht der unheimlich anziehendsten Figur der Weltliteratur.

In einem Abschnitt des Romans beichte Stawrogin die Schändung eines kleinen Mädchens, ein gewaltiges Bruchstück »voll eines furchtbaren, die Grenzen der Kunst überschreitenden Realismus« (was fast wörtlich die Beschreibung ist, die er bald darauf vom *Faustus* gibt).[52] Eben dies, die Schändung eines Kindes, war, wie Thomas Mann in dem Vorwort nur andeutet, in einem frühen Brief aber als glaubwürdiges Ondit behandelt, das Verbrechen, das Dostojewskis Leben in das Gefühl der schweren Schuld getaucht hatte.[53]

Davor war allerdings nicht von Fjodor Dostojewski die Rede, sondern von unheimlichen Figuren der Weltliteratur. Thomas Mann übertritt, ohne sich viel darum zu kümmern, eine Kluft, deren Übertretung theoretisch verboten ist. Der Autor aus Fleisch und Blut ist das eine, die Figur aus Tinte das andere, und wer von dieser auf jenen schließt, muß mit dem Vorwurf rechnen, er vermische die Sphären oder verwechsle sie. Es ist ein Vorwurf, den Thomas Mann sich mit vielen anderen Lesern hätte anhören müssen, wäre er damals schon erhoben worden, als das Scheltwort vom Biographismus noch nicht verbreitet war. Er las Dostojewski, wie auch Freud und Proust ihn lasen,[54] er zog aus dem Innenleben der Figuren seine Schlüsse über das ihres Schöpfers, er begründete eine biographische Vermutung auch aus der Fiktion. Ob das erlaubt sei, ist eine akademische Frage, der man nicht ausweichen,[55] von der man sich aber auch nicht vom Offensichtlichen ablenken lassen muß. Das Offensichtliche ist, daß dieser Autor es nicht anders gewohnt war, daß er es nicht anders kannte, daß es ihm selbstverständlich erschien, die Kluft zwischen Leben und Fiktion zu überspringen. Er liest so; so läßt sich lesen, gibt er uns damit zu verstehen, und da er immer auch als Autor spricht, liegt die Anwendung auf der Hand. Bevor wir uns zurückziehen aufs sichere Gebiet des Nicht-Wissen-Könnens, folgen wir seiner Einladung, das Nächstliegende zu tun. Eine Beichte wie die Stawrogins gibt es nicht von ihm; die »Idee eines schaurig-monotonen Schuldbekenntnis im russischen Stil«, die er 1951 erwägt, hat er nie ausgeführt.[56] Aber er ist nicht müde geworden zu wiederholen, daß sein

Schrifttum streng autobiographisch sei, daß er immer nur von sich rede und daß er von sich sagen dürfe oder müsse, »*niemals* etwas erfunden« zu haben. (XIII, 55)[57]

Die frühen Tagebücher sind verbrannt, Thomas Mann hat seine Geheimnisse mit ins Grab genommen. Aber es war ein Grab ägyptischen Stils; die Palastanlage seines Werks.

II.

Wollust und heiße Schuld

Als Thomas Mann 1935 davor steht, das Schicksal der liebeskranken Mut-em-enet auszumalen, der keuschen Frau des Potiphar, die dem Jungmeier Joseph verfällt, schaltet er eine private Betrachtung über die Einheit seines Werkes ein. Es sei, stellt er mit Rührung fest, doch immer dasselbe:

> Es ist die Idee der Heimsuchung, des Einbruchs trunken zerstörender und vernichtender Mächte in ein Gefaßtes [sic] und mit allen seinen Hoffnungen auf Würde und ein bedingtes Glück der Fassung verschworenes Leben. Das Lied vom errungenen, scheinbar gesicherten Frieden und des den treuen Kunstbau lachend hinfegenden Lebens, von Meisterschaft und Überwältigung, vom Kommen des fremden Gottes war im Anfang, wie es in der Mitte war. Und in einer Lebensspäte, die sich im menschheitlich Frühen sympathisch ergeht, finden wir uns zum Zeichen der Einheit abermals zu jener alten Teilnahme angehalten. (V, 1085 f.)

Die Mitte meint den *Tod in Venedig*, in dem der Kunstbau des Gustav von Aschenbach zerbirst. Mit dem Anfang meint er die Erzählung *Der kleine Herr Friedemann*. Von diesem 1896 entstandenen Werk sagt er in einem oft zitierten, aber selten ganz ernst genommenen Brief, früher habe er noch eines heimlichen Tagebuchs bedurft, wollte er sich auch nur sich selbst mitteilen, mit ihm aber habe er zum ersten Mal die »diskreten Formen und Masken« gefunden, in denen er mit seinen Erlebnissen unter die Leute gehen könne.[58] Die Bemerkung ist markant, viel markanter, als sie immer verstanden wird; nicht nur, weil er zwischen Wahrheit und Dichtung keine Kluft anerkennt und die Erzählung ihm das Tagebuch ersetzt, nicht nur, weil er ein künftiges Werk ganz unter das Zeichen der Maskierung und der Camouflage rückt,[59] sondern auch, weil er von Erlebnissen spricht, nicht von Träumen, Vorstellungen oder Phantastereien.

Johannes Friedemann – wie Dunja Stegemann oder Paolo Hofmann einer der Ich-Agenten, die das autobiographische Siegel schon im Namen tragen –[60], der kleine, durch ein körperliches Gebrechen gezeichnete Herr Friedemann hat sich früh in einem dürren, geordneten Glück ohne Liebeserfüllung eingerichtet, bis er in den Bannkreis der Gerda von Rinnlingen gerät. Diese maskuline, rauchende und Peitsche schwingende Gerda zieht ihn unwiderstehlich an, er erniedrigt sich vor ihr, er stammelt ihr ein Geständnis, als sie ihn nach seinem Stigma befragt, und als er daraufhin zurückgewiesen wird, ertränkt er sich im Fluß. Man kann sich, so scheint es, kein arg- und wehrloseres Opfer denken, und genau so stellt es auch der Kommentator im *Joseph* dar, wenn er auf die Dramen der Heimsuchung blickt, in deren erstem der arme Herr Friedemann vom grausamen Leben hinweggefegt wird.

Wenn wir uns die Erzählung genauer ansehen, finden wir aber, daß es da noch etwas anderes gibt. Die erotische Demütigung bewirkt bei Friedemann einen immer stärker anschwellenden Affekt. Als Gerda ihn zum ersten Mal durch ihre Blicke beschämt, wird der erbleichte Mann noch bleicher, »und ein seltsamer, süßlich beizender Zorn« steigt in ihm auf. Dieser Zorn wächst an zum »ohnmächtigen, wollüstigen Haß«, durchrieselt ihn als »ohnmächtige, süßlich peinigende Wut« (VIII, 89-96), und diese eindringlich geschilderte, lustvolle Wut ist es auch, die ihn in die Selbstzerstörung treibt. Als Gerda ihn lachend zu Boden schleudert und er am Wasser liegt, fragt er sich, was eigentlich in ihm vorgehe:

> Vielleicht war es dieser wollüstige Haß, den er empfunden hatte, wenn sie ihn mit ihrem Blicke demütigte, der jetzt, wo er, behandelt von ihr wie ein Hund, am Boden lag, in eine irrsinnige Wut ausartete, die er betätigen mußte, sei es auch gegen sich selbst ... (VIII, 105)

Wollust und irrsinnige Wut – das klingt etwas anders als der Schalmeien- oder Englischhornklang, der diesem Werk schon so lange entsteigt, die Tristan-Weise von Liebe und Tod. Die Todeserotik und ihre Metaphysik hat bald ein Jahrhundert überdeckt, was im Souterrain dieses Werkes rumort. Dort unten becircen sich nicht Liebe und Tod; dort unten verbeißen sich Lust und Gewalt.

Der kleine Herr Friedemann richtet die Gewalt noch gegen sich selbst. Seine Geschichte steht am Anfang einer Reihe von Erzählungen, die alle das gleiche Thema umkreisen. *Der Bajazzo*, *Tobias Mindernickel*, *Der Kleiderschrank*, *Gerächt*, *Luischen* und *Der Weg zum Friedhof*, sie alle handeln vom Außenseiter, von tiefer Demütigung und von unkontrollierbarer Wut.[61] Ab 1897 allerdings, nach Manns zweiter Neapel-Reise, verändert sich etwas: die Wut des Gedemütigten entlädt sich aggressiv. Die Erzählung, die im römischen Sommer 1897 entsteht, handelt von einem schüchternen Einsiedler, in dem – mit den Worten eines frühen Rezensenten – »Gutherzigkeit und menschliche Bestie hart nebeneinanderschlafen«.[62] Tobias Mindernickel heißt der Herr, dem die Kinder auf der Straße Spottverse nachrufen und der erst in milde Stimmung gerät, wenn er fremdes Leid bedauern kann. Eines Tages spaziert Mindernickel auf den Lerchenberg; dort hält ein Händler einen jungen Jagdhund an der Leine, Tobias Mindernickel umkreist ihn dreimal, fragt mit niedergeschlagenen Augen und leiser, hastiger Stimme nach dem Preis (VIII, 145) – eine Szene, die entfernt an den Verkauf des Schattens im *Peter Schlemihl* erinnert –[63] und nimmt den neuen Begleiter, den er auf den Namen Esau tauft, zu sich nach Hause. Wenn Esau übermütig wird, überkommt Tobias Mindernickel, wie er Friedemann überkam, ein »maßloser, ein unverhältnismäßiger und toller Zorn«, und er schlägt den ungehorsamen Hund. (VIII, 146 f.) Nach der Züchtigung tritt er so kalt und hart vor ihn hin wie Napoléon vor die geschlagene Kompanie (VIII, 147); der Mannsche Heros dieser Epoche, dessen Bildnis auf seinem Schreibtisch steht. Als Esau sich unglücklich an einem Küchenmesser verletzt, pflegt sein Herr ihn aufopferungsvoll. Mit der Genesung des Tiers aber kippt seine Stimmung wieder um. »Sein Gesicht war bleich und gramverzerrt, und mit einem scheelen, verlegenen, neidischen und bösen Blick verfolgte er unbeweglich Esaus Sprünge.« Er ist bleich wie Friedemann, bleich wie das Verbrecherantlitz Dostojewskis[64], bleich wie viele spätere Figuren Manns. Es folgt der Vorgang, den der Erzähler »rätselhaft und über alle Begriffe schändlich« nennt (VIII, 141):

> Was nun geschah, war etwas so Unverständliches und Infames, daß ich mich weigere, es ausführlich zu erzählen. Tobias Mindernickel stand mit am Leibe herunterhängenden Armen ein wenig vorgebeugt, seine Lippen waren zusammengepreßt, und seine Augäpfel zitterten unheimlich in ihren Höhlen. Und dann, plötzlich, mit einer Art von irrsinnigem Sprunge, hatte er das Tier ergriffen, ein großer blanker Gegenstand blitzte in seiner Hand, und mit einem Schnitt, der von der rechten Schulter bis tief in die Brust lief, stürzte der Hund zu Boden, – er gab keinen Laut von sich, er fiel einfach auf die Seite, blutend und bebend ... (VIII, 150)

Die irrsinnige Wut richtet sich nicht mehr selbstzerstörerisch gegen den Helden, sondern gegen den haßgeliebten Hund, den Tobias Mindernickel ersticht. Es ist nicht der letzte Hund dieses Werks, dem ein gewaltsames Ende blüht, und es ist nicht das letzte Messer, das uns aus ihm entgegenblitzt. Tobias Mindernickel, wie man bemerken wird, trägt die Initialen seines Schöpfers.

Zurückgekehrt nach München, verfaßt Thomas Mann ein Jahr darauf eine weitere »Geschichte voller Rätsel«, wie ihr Untertitel heißt, die Erzählung *Der Kleiderschrank*, von der er gelegentlich sagt, er habe sie ganz gegen seine Gewohnheit »unter Mithilfe von Kognak-Grog« geschrieben, und man merke es ihr an; was man vielleicht auch tut. (XI, 718) Sie handelt von einem tödlich erkrankten Albrecht van der Qualen, der seine Zugreise nach Rom unterbricht und in einer Lübeck nachgebildeten Stadt aussteigt, wo er sich in einer kleinen Pension einmietet – falls er nicht in

Wahrheit im Zug eingenickt ist und alles nur träumt. In seinem Zimmer, in dem auch Manns massives Mahagonibett steht, befindet sich ein Kleiderschrank, in dem abends ein nacktes Mädchen erscheint, das ihm Geschichten erzählt. Die einzige dieser Geschichten, die der Leser zu hören bekommt, hat einen verstörenden Schluß:

> Das Ende war so traurig, wie wenn zwei sich unauflöslich umschlungen halten und, während ihre Lippen aufeinanderliegen, das eine dem anderen ein breites Messer oberhalb des Gürtels in den Körper stößt, und zwar aus guten Gründen. So aber schloß es. (VIII, 160)[65]

Die Wut über die erlittene Demütigung hat sich lakonisch in die guten Gründe geflüchtet, aus denen der oder die andere erstochen wird. Die umständliche Vermeidung des Geschlechtspronomens ist auffällig: »das eine dem anderen«, diese kaum noch korrekte Angabe verdankt sich, wie es scheint, einer Ausweichbewegung, das Paar ist offenbar homosexuell, sonst gäbe es keinen Grund, die Geschlechter nicht zu benennen und die Frage, ob er ihr das Messer in den Leib stößt oder sie ihm, so gewunden zu umgehen.

Ebenso auffällig sind die Scheiben aus farbigem Glas, die Thomas Mann vor das factum brutum schiebt. Der Vorgang »A sticht ein auf B« wird nicht von einem Erzähler als erlebt oder wahr wiedergegeben, er findet sich in einem Märchen, und noch dieses Märchen wird nicht von einer wirklichen Person erzählt, sondern von einer unwirklichen Traumfigur, deren Zuhörer wahrscheinlich ebenfalls träumt, eingeschlafen im Schnellzug nach Rom.

Das auf diese Art ins möglichst Unwirkliche verschobene, durch seine Plazierung aber auch wieder prominent hervorgehobene Motiv beschäftigt den Autor auch in Plänen, von denen wir nur indirekt wissen. Peter de Mendelssohn, der erste Biograph Thomas Manns, schreibt in einem Kommentar zu diesem irritierenden Märchenschluß:

> Oberhalb des Gürtels, so ist ausdrücklich gesagt, nicht unterhalb. Mörder, Raubmörder, Lustmörder und ihre Messer kehren in den Vorstellungen des jungen Dichters häufig wieder – nicht zuletzt in den erwähnten, unausgesetzten Novellenplänen, vom »Mörder Schandfleck« bis zum »Mörder Ozean«. Sie müssen »gute Gründe« wohl gehabt haben.[66]

Ein Messer zuckt auch durch die Welt der *Buddenbrooks*, in die es nicht so leicht hineinzuschmuggeln war. Das Wunderwerk des Fünfundzwanzigjährigen, der große bürgerliche Familienroman, läßt nicht viel Raum für Schändliches, wie es im *Mindernickel* oder im *Kleiderschrank* geschieht – in der Mengstraße achtet man auf die Dehors, und Messer erhebt man höchstens zum Mittagsmahl. Aber es gibt ein Mitglied in dieser Senatorenwelt, das ab und zu die Fassung verliert. Es ist Christian, der Außenseiter und Verlierer, auf den Thomas Mann all jene Ich-Partien überschreibt, die er bei Hanno oder seinem Namensbruder nicht sicher deponieren kann. Thomas Buddenbrook ist der Leistungsethiker und Held der Schwäche, Hanno der empfindsame Spätling, Christian aber der wahre Empfänger aller Neurasthenien und Abseitigkeiten, die sein Meister ihm unter der Hand vererbt. Er teilt nicht nur das Haltlose, den Hang zu Clownerie, Durchgängerei und Décadence mit dem Mann, der sich selbst in ihm bekämpft.[67] Er erzählt auch sonderbare Geschichten, die er aus der Erfahrungswelt seines Autors zieht.

Ob Thomas Mann glaubte, daß alle Nerven seiner linken Seite zu kurz geraten seien, wissen wir nicht. Von etwas anderem, sehr viel Unwahrscheinlicherem aber, das er den gekränkten Christian hervorsprudeln läßt, wissen wir, daß es nichts anderes ist als ein autobiographisches Protokoll. »Passieren *dir* vielleicht solche Dinge«, fragt Christian im Streit erregt seinen Bruder, »daß, wenn du in der Dämmerung in dein Zimmer kommst, du auf einem Sofa einen Mann sitzen siehst, der dir zunickt und dabei überhaupt gar nicht vorhanden ist?! . . .« (I, 578) Er verschweigt, daß dieser Mann der Teufel war, aber ansonsten ist es ganz das Erlebnis, das der über *Buddenbrooks* brütende Autor in Palestrina hatte und im 25. Kapitel des *Doktor Faustus* wiederbeschwört.[68] Wenn selbst dies Allermythischste einen realen Kern hat, und wenn Christian selbst bei so offenkundigem Unfug nichts als die Wahrheit sagt, dann ist auch bei geringeren Krassheiten Vorsicht geboten: sie könnten stimmen. Das muß man jedenfalls berücksichtigen bei der anderen Räuberpistole, mit der er seine Familie amüsiert:

> Christian jedoch, dessen Augen wanderten, überhörte dies, denn er befand sich in Gedanken, und alsbald begann er eine Geschichte aus Valparaiso zu erzählen, eine Mord- und Totschlagaffäre, bei der er persönlich zugegen gewesen war . . . »Aber da reißt der Kerl das Messer heraus – –« (I, 271)

Seitdem Tony den Vornamen ihres Morten Schwarzkopf so hartnäckig wie unglaubwürdig mit dem Namen »Mord« verwechselt, ist es das erste Mal, daß dieses Wort wieder fällt. (I, 123 ff.) Thomas will das alles nicht hören und gibt sich den Anschein, »als glaube er, daß Christian übertreibe und blagiere ... was sicherlich nicht der Fall war«. Anders als noch im *Kleiderschrank*, als es ihm nicht unwirklich genug zugehen konnte, pocht der Erzähler diesmal dezent darauf, daß alles tatsächlich so stattgefunden hat. Nicht Übertreibung und nicht Scherz: Christian war wirklich persönlich zugegen bei einer Mordaffaire, bei der Messer gezückt wurden, im Süden, vermutlich in dem Milieu, in dem der Suitier mit seinen Abenteuer-Erfahrungen aus St. Pauli zu Hause ist, auf die zwei Seiten später die Rede fällt. (I, 273) Daß er sich wegen dieser Zeugenschaft schuldig fühlte, darüber hören wir freilich nichts; Protestantentum und Gewissen sind in diesem Roman dem Schopenhauer-Leser Thomas zugedacht.

Vereint werden die beiden, der Versumpfende und der Moralist, in der Hauptfigur der 1903 erscheinenden Novelle, der Thomas Mann bis ins hohe Alter besonders verbunden blieb. Tonio Kröger, der junge Künstler, der aus seiner Tiefe heraus die Wonnen der Oberfläche liebt, hat viel von Hanno und Thomas, aber vom verführbaren Christian hat er nicht weniger. Auch er kommt in Kontakt mit Messern, wenn es auch keine gezogenen Waffen mehr sind. Im *Tonio Kröger* erscheinen die Messer nur noch in entschärfter, nur noch in literarisierter Form: im »Messertanz der Kunst« (VIII, 334), dem Messertanz der kleinen Seejungfrau, der vierzig Jahre später zu einem Hauptmotiv des *Doktor Faustus* wird.[69] Es ist eine neue Technik, die sich hier abzeichnet, eine neue Wendung Thomas Manns, das Alte zu erzählen. Das Krude wird nicht mehr ins Traumhafte verschoben wie im *Kleiderschrank*, es wird nicht wie in *Buddenbrooks* am kuriosen Rand versteckt, es wird bedeutend gemacht und symbolisch überhöht. Alle diese drei Techniken, die er tastend entwickelt hat und immer virtuoser erweitern wird, gehören von nun an zu seinem festen Bestand; sie ändern sich nicht mehr bis zum Schluß, überlagern sich aber von Werk zu Werk neu.

Der Wille zur Überhöhung, der sich ab dem *Tonio Kröger* zeigt, hindert nicht – macht es wahrscheinlich erst möglich –, daß diese Erzählung so unverblümt autobiographisch ist, daß ihr Verfasser sogar Briefe mit »Tonio Kröger« signiert.[70] Es gibt nicht viele Details in ihr, von denen wir nicht wüßten, wo er sie im Leben abgepaßt hat. Selbsterlebt ist auch die Episode aus dem Reisekapitel, in der Tonio Kröger in einem Hotel seiner Heimatstadt von der Polizei verhört wird, die ihn mit einem »wegen verschiedener Betrügereien und anderer Vergehen« verfolgten Subjekt verwechselt. (VIII, 316) Nachdem sich das Mißverständnis aufgeklärt hat, entschuldigt sich der Hotelier bei dem zu Unrecht Verdächtigten:

> »Der Beamte hat ja nur seine Pflicht getan, aber ich sagte ihm sofort, daß er auf falscher Fährte sei . . .«
> So? dachte Tonio Kröger. (VIII, 317)

Ein äußerst sibyllinisches »So«. Es erinnert an das vielsagende Schweigen, das Tonio Kröger nach einer Frage Lisawetas wahrt, der Malerfreundin, in deren Atelier er Kunstmonologe hält. Er erzählt ihr da von einem Bankier, der in seinen Mußestunden Novellen geschrieben habe, trotz »– ich sage ›trotz‹ –« dieser sublimen Veranlagung aber nicht unbescholten gewesen sei. Im Gegenteil habe er bereits eine schwere Freiheitsstrafe zu verbüßen gehabt, »und zwar aus triftigen Gründen«, wie Kröger fast wörtlich aus dem *Kleiderschrank* zitiert. Im Gefängnis sei der Bankier überhaupt erst seiner Begabung innegeworden, woraus Tonio Kröger folgert, daß es nötig sei, »in irgendeiner Art von Strafanstalt zu Hause zu sein, um zum Dichter zu werden«. Und dränge sich nicht der Verdacht auf, daß des Bankiers spätere Erlebnisse im Zuchthaus »weniger innig mit den Wurzeln und Ursprüngen seiner Künstlerschaft verwachsen gewesen sein möchten als *das, was ihn hineinbrachte – ?*« Frau Lisaweta fragt ihn, ob er nur an andere denke bei seinen Erfahrungen, was die Bedingungen des Künstlertums betreffe. Aber Tonio Kröger antwortet nicht: »Er schwieg. Er zog seine schrägen Brauen zusammen und pfiff vor sich hin.« (VIII, 298 f.)

Beredt genug geschwiegen und gepfiffen – in Worte übersetzt: auch ihm scheinen die Erfahrungen, oder muß man sagen: Taten nicht fremd, die den kriminellen Kollegen ins Zuchthaus brachten, und das aus triftigen Gründen. Was aber mögen diese Erfahrungen sein? Es gibt nur eine frühere Stelle, die uns darüber Andeutungen macht. Im dritten Kapitel erfahren wir etwas über die jüngere Vergangenheit des entlaufenen Bürgersohns:

> Er lebte in großen Städten und im Süden, von dessen Sonne er sich ein üppigeres Reifen seiner Kunst versprach; und vielleicht war es das Blut seiner Mutter, welches ihn dorthin zog.[71] Aber da sein Herz tot und ohne Liebe war, so geriet er in Abenteuer des Fleisches, stieg tief hinab in Wollust und heiße Schuld und litt unsäglich dabei. (VIII, 290)

Daß er im Süden in Abenteuer des Fleisches geraten und tief hinab in die Wollust gestiegen sei, der Mann, der sich als Tonio Kröger unterschreibt, das können sich seine jüngsten Biographen noch vorstellen. An der heißen Schuld aber, von der er spricht, stahl sich die Forschung bislang vorbei.

Es ist eine Schuld offenbar nicht-hypochondrischer Art, ein Vergehen auf dem Gebiet, auf dem auch Dostojewski den Abstieg zur Hölle fand. Man könnte das alles für Aufschneiderei halten, durch die dem blassen Helden etwas Blut eingeflößt werden soll.[72] Aber es endet nicht mit dem *Tonio Kröger*, so wenig wie es mit ihm begann, und alles Spätere ist gefärbt von Wollust und heißer Schuld.

Vitzliputzli

Tropfendes, rinnendes, quellendes Blut – immer penibler beschreibt Thomas Mann mit der Zeit auch ihre physische Spur. Sie versickert selbst in den unscheinbarsten Nebenwerken nicht ganz. Eines davon ist die harmlose Feriengeschichte, die er ein Jahr vor der weniger harmlosen des *Tod in Venedig* verfaßt und die nichts anderes erzählt, als ihr Titel schon sagt: *Wie Jappe und Do Escobar sich prügelten*. Sie schildert die Erinnerung an ein Urlaubserlebnis in Travemünde, die Rauferei zweier Jugendlicher, die dem rückblickenden Ich-Erzähler, der damals dreizehn war, von seinem Freund Johnny Bishop angekündigt wird. Dieser Johnny, der nackt neben ihm liegt, ist ein »kleiner magerer Amor« und hat etwas »von einer Frau, die sich konserviert«; mit seinen spöttisch lächelnden Mädchenaugen sorgt er dafür, daß das Motiv der Geschlechtsverwirrung auch im Urlaub nicht fehlt. (VIII, 427ff.) Jappe und Do Escobar, bewunderte Rauhbeine, die sich abends wie die Erwachsenen amüsieren, sind wegen einer Frau aneinandergeraten und halten ihr Duell auf dem Strand öffentlich ab. Die Zuschauer finden sich ein, der Kampf wird ausgetragen und geht glimpflich zu Ende. Nur ein Schlag auf die Nase Do Escobars hinterläßt die Spur, der Thomas Mann immer angelegentlicher sein Augenmerk schenkt:

> Das Blut lief ihm zwischen den Fingern hindurch auf die Kleider, besudelte sein helles Beinkleid und tropfte hinab auf die gelben Schuhe (VIII, 441)

Trotz Nasenstüber war das Geraufe harmlos, in der Vorstellung des Erzählers aber, der ihm entgegenfiebert, nimmt es bedrohliche Formen an. Er fürchtet die Erschütterungen, die der Anblick eines erbitterten Kampfes, »im Ernst und sozusagen auf Leben und Tod«, in ihm hervorbringen würde; er fühlt mit den Kämpfern, erprobt

> den Gram, den flackernden, hirnzerreißenden Haß, die Anfälle von rasender Ungeduld und Rache,

und »im Geiste« schlägt er sich »blind und blutig mit einem ebenso entmenschten Gegner herum«. (VIII, 431f.) Der Kampf auf Leben und Tod in einer Art introspektiver Mauerschau; ein neues und elegantes Mittel, etwas Fernes nah zu rücken, oder etwas Nahes fern.

Ein zweites Motiv kündigt sich in diesen Nebenwerken an, das mit den Jahrzehnten immer mächtiger wird. Eine blutige Tat wird nicht nur vom Erzähler angedeutet, der Täter selbst muß irgendwann mit ihr heraus. Schon Tonio Kröger wußte beredt zu schweigen, aber dieses Schweigen genügt bald nicht mehr, der Drang zur Beichte, zum entlastenden Bekenntnis wird immer zwingender; im *Zauberberg*, im *Joseph*, im *Faustus* und im *Erwählten* verschafft er sich in lang vorbereiteten Geständnisszenen Luft.

In Verbindung mit dem Motiv des Doppellebens findet sich der befreiende Geständnisausbruch schon in der *Anekdote* von 1908.[73] Am Ende eines festlichen Soupers wird dem Gastgeber Herrn Becker, dem Gatten einer allseits beliebten jungen Angela, wieder einmal versichert, wie sehr man ihn seiner Frau wegen beneide, beglückwünsche und seligpreise. »Da plötzlich wird es still, denn Becker steht auf, Direktor Bekker, und er ist totenbleich«:

> Einmal – stößt er aus ringender Brust hervor – einmal müsse er es sagen! Einmal sich von der Wahrheit entlasten, die er solange allein getragen!

Und die erstarrten, gelähmten Gäste, die teils sitzend, teils stehend dem irren Ausbruch folgen – die Szene nimmt Leverkühns Schlußbeichte im *Faustus* vorweg –, trauen ihren Ohren nicht, als Becker das Bild seiner Ehe, »– seiner *Hölle* von einer Ehe . . .«, entwirft. (VIII, 414) Die engelsgleiche Angela ist in Wahrheit ein Monstrum, falsch, verlogen und grausam. Becker platzt mit allem heraus:

> Wie es tagüber [sic] ihre einzige Tätigkeit sei, ihre Katze auf greulich erfinderische Art zu martern. Wie bis aufs Blut sie ihn selbst durch ihre boshaften Launen quäle. Wie sie ihn schamlos

betrogen, ihn mit Dienern, mit Handwerksgehilfen, mit Bettlern, die an ihre Tür gekommen, zum Hahnrei gemacht habe.

Kein Hund, eine Katze, die es diesmal trifft; und wieder paart sich die Quälerei mit der Lust. Anders als später ist es hier nicht die eigene Schuld, die ein Sünder nach langer Schweigezeit bekennt. Das Geständnis ist eine Anklage, aber die Schuld steckt auch den Kläger an: der bleiche Mann ruft in die Runde, wie Angela auch ihn »in den Schlund ihrer Verderbtheit hinabgezogen, ihn erniedrigt, befleckt, vergiftet habe«. (VIII, 415) Was das genau bedeutet, bleibt ungewiß; »vergiftet« aber nimmt wieder ein Motiv des *Faustus* vorweg, in dem Leverkühn sich seiner giftigen Einflüsse auf den geliebten Knaben anklagt. Der Engel des Gifts, die falsche Angela, hat sie beide verführt und zieht sie beide hinab in den Höllenschlund. Beide werden sie nach dem Geständnis der Nervenheilanstalt überstellt.

Ähnlich endet auch der Hochstapler Felix Krull. Der Fragment gebliebene Roman, an dem Thomas Mann ab 1910 zu schreiben beginnt und der die Bekenntnisse schon im Titel verspricht, scheint zwar von Verführung viel, von höllischer Schuld aber nicht das geringste zu wissen. Das Sonntagskind Felix sündigt ganz ohne Gewissensqual und steigt mit größtem Genuß in den Abgrund, in den ihn die schlimme Liebeslehrerin Rosza lockt – in jener Nacht, als er in einem Caféhaus sitzt, sie ihm den Wink gibt und er im Schneetreiben mit ihr die Droschke besteigt, in der sie so selbstverständlich ihr Bein über das seine legt. (VII, 379ff.) Bei ihr, der ungarischen Hure mit dem knabenhaften Körper und dem fast finsteren Ernst, die im *Joseph* und im *Faustus* wieder auftauchen wird, lernt Felix alles über die Wollust und denkt nicht daran, sich deshalb schuldig zu fühlen. Von Dostojewski hat er bloß die Epilepsie, und selbst die gaukelt er nur seinem Amtsarzt vor. Ganz am Rand aber lugt auch bei ihm die Gewalt hinein. Sie droht von den Herren der Totenvögel, den Zuhältern. Felix Krull fürchtet ihre Messer, »womit sie sehr locker hantieren«. (VII, 378) Er selbst wird zu Roszas Zuhälter, auch wenn er das häßliche Wort für sich ablehnt. »Wegen irgendwelcher Bluttat« sitzt sein Vorgänger, ehemals Metzgergesell, im Gefängnis. (VII, 382)

Und am Ende, bei aller Heiterkeit seiner Abenteuer, hätte auch er im Gefängnis gedarbt, in dem schon Krögers krimineller Bankier einsaß. Man vergißt leicht, daß Krull seine Memoiren im Zuchthaus verfaßt. Eine Stelle in Thomas Manns Tagebuch deutet darauf, daß er dort vielleicht aus triftigeren Gründen gelandet wäre als denen der Hochstapelei:

> K. erzählte mir von der Ermordung eines Geldbriefträgers in Berlin durch einen Gentlemanverbrecher im Hotel Adlon. Merkte mir die Anstalten für den Hochstapler. (5.1.1919)

Ob dieser selbst die Anstalten hätte wiederholen, oder ob er Zeuge, Mittäter, Vereitler hätte werden sollen – wir wissen es nicht; aber daß auch in der Burleske vom Sonnenkind eine Bluttat geschehen muß, sagt manches über die Dringlichkeit eines Motivs, mit dem auch Thomas Mann sehr locker hantiert.

Was ihn am *Felix Krull* bezaubert hatte, war die »autobiographische Direktheit«, wie er im *Lebensabriß* schreibt. (XI, 122) Viel direkter noch wird er in seinem nächsten, wieder in der Er-Form erzählten Werk. »Der Wanderer am Münchener Nordfriedhof, das düstere Polesaner Schiff, der greise Geck, der verdächtige Gondolier, Tadzio und die Seinen, die durch Gepäckverwechslung mißglückte Abreise, die Cholera, der ehrliche Clerc im Reisebureau, der bösartige Bänkelsänger oder was sonst anzuführen wäre« – alles ist im *Tod in Venedig* der Wirklichkeit abgenommen, wie im *Tonio Kröger*, auf den er ausdrücklich verweist. (XI, 124) Auch der letzte der Reihe also stammt aus ihr, und so wenig Grund wir haben, an seiner Wirklichkeit zu zweifeln, so merkwürdig bekannt kommt er doch auch uns Daheimgebliebenen vor. Seinen entscheidenden Auftritt spart er sich für den *Faustus* auf. Aber schon 1903 treibt er sich durch die Studie *Die Hungernden*. Dort hat ein Detlef genannter Dichter nach einem Theaterbesuch eine schockierende nächtliche Begegnung. Es ist nachts um zwei, Schnee fällt, und Droschken warten, wie bei Krulls erster Begegnung mit Rosza, da sieht er etwas, was ihn entsetzt: ein abgerissener Mann starrt ihn an, ein verwildertes, ausgehöhltes, rotbärtiges Antlitz, mit einem Ausdruck von wüstem Hohn; und dieses lüsterne und gierige Prüfen ist etwas, das er »nicht verwinden, nicht vergessen konnte . . .« (VIII, 268 f.)

Der Mann scheint derselbe Typus wie der Bänkelsänger, der »brutal und verwegen«, bartlos inzwischen, aber immer noch rothaarig, »von Antlitz mager und ausgemergelt«, die Zunge schlüpfrig im Mundwinkel spielen läßt und sein Hohngelächter zur Terrasse emporsendet, auf der Aschenbach in einer

Haltung von Abwehr oder Flucht erstarrt. (VIII, 508 ff.) Er wird es noch bis zum Teufel bringen, vor dem auch Leverkühn in Froststarre verfällt. Aber schon im *Tod in Venedig* erfährt man, was es mit ihm eigentlich auf sich hat:

> Er schien nicht venezianischen Schlages, sondern von der Rasse der neapolitanischen Komiker, halb Zuhälter, halb Komödiant [. . .] (VIII, 507 f.)

Woher kennt Aschenbach so genau die Rasse des neapolitanischen Zuhälters? Neapel scheint sich überhaupt in dem Maße hinter Venedig abzuzeichnen, in dem der Betörte die Gewalt über sich verliert. Bösartiges Gesindel macht nachts die Straßen unsicher, räuberische Anfälle, selbst Mordtaten wiederholen sich, und die gewerbsmäßige Liederlichkeit nimmt aufdringliche und ausschweifende Formen an, »wie sie sonst hier nicht bekannt und nur im Süden des Landes und im Orient zu Hause gewesen waren«. (VIII, 514) Es ist der Süden, in dem auch Tonio Kröger auf Abwege geriet; nicht ohne Augenblicke der Besinnung und Scham. »Welch Irrgang! dachte er zuweilen« (VIII, 291), und Aschenbach denkt es ihm nach, wenn er dem Knaben durch die schmutzigen Gassen folgt: »Auf welchen Wegen! dachte er dann mit Bestürzung. Auf welchen Wegen!« (VIII, 503)

Welche Wege diese Irrwege des näheren sind, läßt Thomas Mann geraume Zeit später einmal an wenig beachteter Stelle anklingen. 1928 verfaßt er einen hymnischen Artikel über Bruno Franks *Politische Novelle*, die im Ton und vielen Handlungsdetails offenkundig der Verfallsgeschichte Aschenbachs nachgeschrieben ist. Der dankbare Lehrer gibt eine Rezension, die sich wie ein Selbstgespräch über den *Tod in Venedig* liest. Der Schauplatz bei Bruno Frank ist Marseille, aber es könnte auch Venedig sein, »ganz ins Dämonisch-Gespenstische stilisiert, zu einem Alptraum, beängstigend, gefährlich-verlockend, die gesittete Seele sich selbst entfremdend, unsittliche Verzauberung ganz und gar«. (X, 698) Dort verliert sich der Held in ein Lasterquartier und sieht sich dem »scheußliche[n] Lemurenansturm der Bordellstraße« ausgesetzt. Man dürfe das unübertrefflich nennen, schreibt der sichtlich bewegte Rezensent, »die Verirrung in jene Sackgasse und Falle, wo der Mann, der bewußt und willentlich den ›verständigen Weg‹ hat liegenlassen, auf das dunkel-todsüße Frauenbild aus äußerster Fremde stößt, das sein Blut zu untergänglicher Liebe ruft«. (X, 699) Das ist voller Echos und Anklänge; wie auch der Halbsatz, der die Handlung des Schlußkapitels resümiert und den man sich übersetzen muß wie das gewundene Bekenntnis in dem Brief an Weber über die Gefühlsart, die ihm »in kaum bedingter Weise« zugänglich sei. Carmer, der tragische Held bei Bruno Frank,

> Carmer bleibt allein, wird auf geheimnisvolle und doch dem mit seinem Wesen vertrauten Gefühl nicht undeutbare Weise eingesogen von dem mala-vita-Viertel der schlimmen Stadt und geht zugrunde. (X, 698)

Was soll das heißen? Wessen Gefühl kennt hier ein vertrautes Wesen heraus? Das »mala-vita«-Viertel, wie man am Rande bemerken wird, ist nicht der französische, sondern der italienische Ausdruck für den gemeinten Marseiller Rotlichtbezirk. Bei Bruno Frank findet er sich nicht.[74]

Carmer wird am Ende in den Armen der Hure erstochen. Aschenbach stirbt den sanfteren Tod der Cholera. Die ausbrechende Epidemie gibt Thomas Mann Gelegenheit, auch vom zweiten Teil der Tonio Krögerschen Erfahrung zu sprechen. Auch bei Aschenbach birgt der Süden den Zwilling aus Wollust und Schuld. Sie liegt nicht darin, daß er einen Knaben begehrt. Sie liegt darin, daß er dessen Leben riskiert. Aschenbach ist untätiger Zeuge, der schweigt und das Schlimme nicht verhindert, der es sogar genießt:

> Das Bewußtsein seiner Mitwisserschaft, seiner Mitschuld berauschte ihn, wie geringe Mengen Weines ein müdes Hirn berauschen. (VIII, 515)

Warum er Tadzios Familie nicht vor der Cholera warnt, erklärt der Erzähler im selben Kapitel: der Leidenschaft sei »wie dem Verbrechen« die gesicherte Ordnung und Wohlfahrt des Alltags nicht gemäß, darum müsse ihr jede Verwirrung der Welt willkommen sein. (VIII, 500)

Ein Vergleich, nicht mehr, durch den sich die Leidenschaft beim Verbrechen einhakt. Aber es gibt andere Mittel, von ihm zu sprechen, wie das Frühwerk zeigt: das Verstecken am kuriosen Rand, die symbolische Überhöhung und die Verschiebung in den Traum. Die beiden letzten Mittel finden sich im *Tod in Venedig* äußerst wirkungsvoll übereinandergelegt. Der Wendepunkt in Aschenbachs Passion ist ein furchtbarer Traum; erst nach ihm ist er reif für den Untergang. Wovon träumt er? Vom fremden Gott Dionysos, der mit seinen Mänaden ins Tal fällt und die Orgien feiert, wie Nietzsches Freund Rohde sie in *Psyche* geschildert hat. Nichts Reales, ein Traum; kein persönlicher Traum, eine symbolische Szene der Geistesgeschichte und Mythologie. Die doppelte Verschiebung hat ihre Wirkung nicht verfehlt. Immer noch sucht man nach fremden Quellen für Aschenbachs Alb und übersieht in der Nähe das Rinnsal Blut, das zu Thomas Manns Frühwerk führt.

Zuerst wehrt er sich. Seine Abscheu ist groß, »groß seine Furcht, redlich sein Wille, bis zuletzt das Seine zu schützen gegen den Fremden, den Feind des gefaßten und würdigen Geistes«. Aber dann bricht Aschenbachs Widerstand: »Mit den Paukenschlägen dröhnte sein Herz, sein Gehirn kreiste, Wut ergriff ihn« – die alte Friedemannsche Wut –,

> Verblendung, betäubende Wollust, und seine Seele begehrte, sich anzuschließen dem Reigen des Gottes. Das obszöne Symbol, riesig, aus Holz, ward enthüllt und erhöht: da heulten sie zügelloser die Losung. Schaum vor den Lippen, tobten sie, reizten einander mit geilen Gebärden und buhlenden Händen, lachend und ächzend, stießen die Stachelstäbe einander ins Fleisch und leckten das Blut von den Gliedern.

Das ist, mythologisch überhöht und mit Anschauung gefüllt, die alte Formel des *Tonio Kröger*; Wollust und Blut, im Traum verpuppt. Und Aschenbach gerät tief hinein:

> Aber mit ihnen, in ihnen war der Träumende nun und dem fremden Gotte gehörig. Ja, sie waren er selbst, als sie reißend und mordend sich auf die Tiere hinwarfen und dampfende Fetzen verschlangen, als auf zerwühltem Moosgrund grenzenlose Vermischung begann, dem Gotte zum Opfer. (VIII, 517)

Das Motiv hat Karriere gemacht seit den Tagen Tobias Mindernickels, der seinen Hund erstach, seit den Tagen des *Kleiderschrank*, wo man sich mordend umarmt. Aber im Kern geändert hat es sich nicht.

Nur eines kommt immer stärker hinzu, was schon im *Kleiderschrank* angelegt war. Es gibt die infame Messertat, aber es gab die guten Gründe dafür. Mit dem Drang nach Bekenntnis wächst auch der nach Rechtfertigung. Wenn Blut fließt, ist es vielleicht nicht zivilisiert, aber verstößt es darum gegen die Kultur? Zivilisation, so wollen es die *Gedanken im Kriege*, ist nur Vernunft, nur Aufklärung, Sittigung, nur Geist und »Feind der Triebe, der Leidenschaften«. Kultur aber, die höherstehende, kann »blutig und furchtbar« sein, sie umfaßt »Päderastie, Vitzliputzli, Menschenopfer«; ungefähr das also, was auch bei der grenzenlosen Vermischung in den Traumorgien stattfinden wird.

Bemerkenswert ist, wie Thomas Mann von dieser allgemeinen Betrachtung zurücklenkt ins Persönliche. Ganz im Geiste Aschenbachs vergleicht er Kunst und Krieg, Soldat und Künstler, die soviel miteinander verbinde: Organisation, das Ineinanderwirken von Begeisterung und Ordnung, Solidität, Exaktheit, und so noch eine halbe Seite lang weiter, in der ein einziges Wort kursiviert wird, das Entscheidende also offenbar, das der Künstler mit dem Krieger teile, nämlich *»Blutzeugenschaft«*.[75]

Das ist von 1915, aus einer Zeit, in der viele Dichter viel erhitzten Unsinn über Krieg und Blut verfaßten. An seinem Beharren auf persönlicher Zeugenschaft aber ändert sich nichts, als er die Seite wechselt und Vernunft annimmt. In der Republik-Rede von 1922 spricht er der militärischen Jugend nicht nur von Whitmans Knabenverehrung. Er sei kein lauer Pazifist, bekennt er ihr auch:

> Ich weiß, was das Blut ist, was der Tod, was Kameradschaft ist. (XI, 817)

Aber sein Kriegsdienst bestand in der Schreibtischfron der *Betrachtungen*, und mehr als Tinte hat er dabei nicht verspritzt.

Unter vier Augen

Blutzeugenschaft wird auch dem friedlichen Hans Castorp zuteil, der für drei Wochen nach Davos fährt und sieben Sündenjährchen bleibt, was in etwa der Ausweitung entspricht, die aus dem kleinen Satyrspiel zum *Tod in Venedig* (XI, 125) einen der großen Romane der Weltliteratur werden ließ. Man weiß es bis zum Überdruß, daß er von nichts anderem handelt als von Eros, Krankheit und Tod. Jedoch von Blut und Gewalt? In diesem mystisch-humoristischen Aquarium[76] erwartet man keine Muränen oder Piranhas; und sie zeigen sich auch nicht in Wirklichkeit. Darin ist *Der Zauberberg* das Pendant zur Venedig-Novelle geblieben, als das er geplant war: die Bluttat wird ins Irreale verlegt. In der Mitte des Romans strebt der gelehrige Castorp in die Berge, wo er von einem Schneesturm überrascht wird und in Todesnähe einen Doppeltraum träumt. Zuerst eröffnet sich ihm der Blick auf eine Lagunenlandschaft und das südliche Meer, an das er sich erinnert, obwohl er Sizilien,

Griechenland und namentlich Neapel nie erreicht hat. (III, 678) Junges Volk tummelt sich gesittet am Strand, und dem Träumenden geht das Herz auf, auch wenn er sich fragt, ob er sich beim Schauen nicht »höchlichst strafbar« mache. Die Ahnung bestätigt sich, als ihn einer der Knaben, ein Wiedergänger Tadzios, mit ernster Miene nach rückwärts weist. Der blasse Schrecken kommt ihn an, er wendet sich um und findet sich vor den Säulen eines Tempelbezirks. Ein Standbild mit Mutter und Tochter macht ihn aus dunklen Gründen noch ängstlicher. In der Tempelkammer steht die Tür offen, und die Knie wollen ihm brechen vor dem, was er im Innern mit Starren erblickt: zwei graue Hexen zerreißen und verschlingen ein Kind. Castorp sieht »zartes blondes Haar mit Blut verschmiert«. (III, 681 ff.)

Diese Urszene, erkennt er im anschließenden Gedankentraum, hängt mit dem südlichen Idyll zusammen: Es gibt das eine nicht ohne das andere, das apollinische Sonnenglück gründet auf der gräßlichen Untat, dem »Blutmahl«, das die ernste Heiterkeit der Strandleute bestimmt. (III, 684)

Wie im *Tod in Venedig* ist alles in diesem Doppeltraum streng typisiert, vom Locus amoenus bis zur Statue von Demeter und Persephone. Nichts mehr darin scheint persönlich, und auch die Lehre, die Castorp aus ihm zieht, ist eine gesperrt gedruckte Botschaft an die Menschheit. Woraus sich dieser Lehrsatz *Der Mensch soll . . .* entwickelt hat, ist aber ein »Ich will« (III, 685), ein persönlicher Vorsatz und Beschwichtigungsversuch. Er will nicht immer an den Tod und das Gräßliche denken und überhöht diesen Wunsch zur Humanitätsidee, die ihm allerdings schnell wieder verblaßt. Kaum zurückgekehrt, hat Castorp sein Traumwort gleich wieder vergessen.

Dieser Wahrtraum ist aber sein erster nicht. Am Anfang seiner Träume steht der von seinem Jugendschwarm Hippe. Den Aufstieg in die Berge wagt Castorp schon vor dem Schneesturm einmal. Er verläßt das Sanatorium und zieht ins Blaue, übereilt sich etwas dabei, es wird ihm schwindelig, und er legt sich auf einem Bänkchen nieder. Hier hat er eine Vision, einen Wahrtraum, in dem der riesige hölzerne Phallus, der sich in Aschenbachs Traum enthüllt, zu einem Drehbleistift zusammenschrumpft. Die Vision von seinem Schulfreund Hippe, der ihm den vieldeutigen Bleistift leiht, ist die erste Szene des Romans, in der sich die Erotik als Homoerotik enttarnt. Und es fließt dabei, was offenbar fließen muß: Hans Castorp hat Nasenbluten, als ihm Hippe erscheint.

Dieses Blut gibt dem Erzähler Gelegenheit zu einem *etwas* zu starken Vergleich. Nach seinem Traumgesicht kehrt Castorp nach Berghof zurück, wo schon der Vortrag Krokowskis begonnen hat. Das Publikum beachtet ihn kaum, und das ist gut so,

> denn er sah schrecklich aus. Sein Gesicht war bleich wie Leinen und sein Anzug mit Blut befleckt, so daß er einem von frischer Tat kommenden Mörder glich. (III, 176)

Das Mörder-Motiv wandert anschließend weiter durch die Münder der Außenseiter, wie bei Christian Buddenbrook erprobt. Einer dieser Christian-Nachfahren ist Ferdinand Wehsal, der Mannheimer, der ein ausgeprägtes Interesse für mittelalterliche Foltern hat und dabei selbst auf einer liegt. Gäbe es im Haus Berghof eine Reis-Diät, Wehsal hätte sie gutgetan: der Ärmste liegt auf der Folter der Lust, er verzehrt sich nach Madame Chauchat, von der er jede Nacht träumt, daß sie ihn anspeit oder schlägt, und klagt sich darüber bei Hans Castorp aus. Es sei ein Menschenbedürfnis, sich das Herz zu erleichtern, sagt er dem glücklicheren Nebenbuhler und jammert über die »Schandhölle« seiner Nächte, indem er manches aus den Notizbüchern zieht, die Thomas Mann in der Ehrenberg-Zeit führt.[77] Madame Chauchat verweigert sich ihm, aber warum denn nur?

> Was will ich denn, Castorp? Will ich sie morden? Will ich ihr Blut vergießen? Ich will sie ja nur liebkosen! (III, 856)

Nicht jeder Verliebte wäre auf die Verwechslungsgefahr gekommen. Sie schleicht sich aber auch in die Gespräche, die Naphta mit Settembrini führt. Man streitet über die Todesstrafe, Naphta verteidigt sie. Sein erstes Argument folgt noch der Lehre Schopenhauers: Der Mensch sei, wie er habe sein wollen, und könne und wolle nicht anders sein, und dies eben sei die Schuld:

> er habe eben »für sein Leben« gern getötet und bezahle folglich mit seinem Leben nicht zu hoch. Er möge sterben, da er die tiefste Lust gebüßt habe.

Das stand nun nicht mehr im Buch des Philosophen. Ungläubig oder indigniert fragt Settembrini nach: Die tiefste Lust? »Die tiefste.« Betretenes Hüsteln. Wehsal, wie nicht anders zu erwarten, zieht ein schiefes Gesicht. Settembrini bemerkt fein, es gäbe eine Art, zu verallgemeinern, die den Gegenstand persönlich färbe. »Sie hätten Lust, zu töten?« Die Antwort Naphtas:

»Das geht Sie nichts an. Hätte ich es aber getan, so würde ich einer humanitären Unwissenheit ins Gesicht lachen, die mich bis zu meinem natürlichen Ende mit Linsen füttern wollte. Es hat keinerlei Sinn, daß der Mörder den Gemordeten überlebt. Sie haben, unter vier Augen, allein miteinander, wie zwei Wesen es nur bei einer zweiten, verwandten Gelegenheit noch sind, der eine duldend, der andere handelnd, ein Geheimnis geteilt, das sie auf immer verbindet. [. . .]« (III, 638)

Ein schweres und tiefes Geheimnis, offenbar. »Der eine duldend, der andere handelnd« – kunstvoll läßt der Satz es in der Schwebe, ob dieser Einschub sich auf die Wesen im Sexualakt oder auf den Mörder und den Gemordeten bezieht; wie im Märchen des *Kleiderschrank*, in dem die Geschlechterfrage offenbleibt, wenn das eine dem andern ein Messer in den Leib stößt.

Settembrini erklärt, für solchen Mordmystizismus fehle ihm das Organ, und er vermisse es auch nicht. Anders Thomas Mann, der 1926 in der Miszelle *Die Todesstrafe* Naphta als einen »unsympathischen Freund« zustimmend zitiert. Und zwar genau mit dessen Vortrag über die tiefste Lust. So ganz übel, schreibt er, könne er das nicht finden, zumal darum nicht, weil er es in den *Betrachtungen eines Unpolitischen* auf die eigene Kappe genommen habe, zu erklären, »daß eine Humanität, die es darauf anlege, das Leben um alle schweren, todernsten Akzente zu bringen und seine Entmännlichung, Entmannung betreibe, daß eine solche Humanität nicht die meine, nicht die wünschenswerte sei.« (X, 880) Was heißt, daß das Töten tatsächlich die tiefste Lust bedeuten kann und daß es einer – sonderbar gewähltes Wort – Entmannung gleichkommt, darauf zu verzichten; was weiterhin heißt, daß er, wenn er

»schwer« sagt, darunter auch Schweres und Todernstes versteht.

Am Ende aber spricht er sich wie Settembrini doch gegen die Todesstrafe aus. Sein Gewährsmann für diese überraschende Wendung ist Sigmund Freud. Aus dessen »großartige[r] Abhandlung« *Totem und Tabu* führt er die Passage an, in der Freud auf die Gleichartigkeit der verbotenen Regungen beim Verbrecher wie bei der rächenden Gesellschaft hinweist. »Da habt ihr's, Heuchler!« beschließt Thomas Mann, und erklärt sich gegen die »faschistische Wahrheit«, daß die Erkenntnis niemals den Willen, die Tat, die Leidenschaft verhindern dürfe. (X, 881)

Eine Wahrheit ist es also immer noch, nur eine faschistische, und darum wird sie von jetzt an bekämpft. 1943 schreibt Thomas Mann *Das Gesetz* für diesen Kampf, seinen Beitrag für die Sammlung *The Ten Commandments*, die darstellen sollte, wie der Nazismus die zehn Gebote pervertiert. Thomas Mann behandelt die Erlassung dieser Gebote, den Mann Moses, wie er sein störrisches Volk bekehrt. Wieder ist es Freud, den er sich dafür zu Rate zieht – und wieder ist der nicht ganz so üble Naphta dabei.

In seiner berühmten Moses-Abhandlung wiederholt Freud die These aus *Totem und Tabu* über die Entstehung der Sitten und der Religion. Am Anfang war die Vatertötung; die Ausbildung des Gewissens geht auf ein Urverbrechen, auf einen Mord zurück.[78] In Thomas Manns Erzählung wiederholt sich dieses Prinzip, doch wird es eigentümlich persönlich gefaßt. Persönlicher, als man denken soll, ist sein Verhältnis zur Hauptfigur überhaupt. »Wachsender Wunsch, auf das

Volk zu wirken«, notiert er im Tagebuch zwei Wochen, bevor er mit Freuds *Moses* beginnt. (28.4.1939) Wie noch jeder seiner Helden ist auch der Stifter des Dekalogs eine autobiographische Figur, eine Spiegelung des Mannes, der auf sein verstocktes Volk einreden und ihm die Moralbegriffe einhämmern muß. Eine wie intime Spiegelung zeigt sich schon an Moses' äußerer Gestalt. Ein nicht weit hergeholtes Vorbild wäre die Moses-Statue des Michelangelo, aber wie sieht Manns Schöpfer der Tafeln aus? Wie der männerliebende Bildhauer selbst, wie der gewaltige, unter seiner drückenden Sinnlichkeit nach dem Geistigen ringende Michelangelo, dem Thomas Mann einen späten entflammten Essay widmen wird, in dem er fast unverhüllt von sich und seinem Leid um Franz Westermeier spricht.

Von diesem Moses mit diesem so persönlichen Strahlenkranz über dem Haupt erfahren wir im ersten Satz, daß seine Geburt unordentlich war. Das unterscheidet sich von der Vermutung Freuds, bei dem er ein Ägypter ist, und verlängert die Reihe der Künstler, die wie Tonio Kröger gemischtes Blut in sich spüren. Der zweite Satz der Erzählung teilt uns folgendes mit:

> Er tötete früh im Auflodern, darum wußte er besser als jeder Unerfahrene, daß Töten zwar köstlich, aber getötet zu haben höchst gräßlich ist, und daß du nicht töten sollst. (VIII, 808)

Die Kulturschöpfung ist die Blüte einer frühen Missetat. Das Gesetz wird ersonnen und verfochten nicht von dem Unschuldigen, sondern dem Mann, der von der Schuld gekostet hat. Was er bekämpft, ist ihm innerlich verwandt; Moses, der die Lettern der Gebote mit dem eigenen Blut ausmalt, wiederholt es in der symbolischen Miniatur.

Thomas Mann hat sich das nicht einfach ausgedacht. Die Quelle ist das zweite Buch Mose, Exodus 1, 11 f.:

> Zu den Zeiten, da Mose war groß geworden, ging er aus zu seinen Brüdern und sah ihre Last und ward gewahr, daß ein Ägypter schlug seiner Brüder, der Hebräischen, einen.
> Und er wandte sich hin und her, und da er sah, daß kein Mensch da war, erschlug er den Ägypter und scharrte ihn in den Sand.

Beachtenswert an der Fassung Thomas Manns ist die kleine Umdeutung. Der biblische Moses handelt offensichtlich gerade nicht im Auflodern, sondern, im Wortsinn, mit Umsicht: Er blickt zuerst nach links und rechts, ob ihn auch niemand bei seiner Tat bespitzeln kann. Wäre er gesehen worden, hätte er sie auch unterlassen können. Daß sie ihm köstlich ist, wird ebensowenig erzählt wie daß sie ihn danach gräßlich reut.

Wie wir bemerken werden, weicht Thomas Mann immer dann von der Quelle ab, wenn es ihn zu seiner Urgeschichte zieht. Die Quelle kann auch etwas jüngst Erlebtes sein, das er ins Letale umlenkt. Das ist der Fall bei der Novelle *Mario und der Zauberer*, die sich wie der *Tod in Venedig* aus einem Ferienaufenthalt in Italien speist – notorisch gefährlich wie diese nun einmal sind. Im September 1926 hatte Thomas Mann mit Familie zwei Wochen in Forte dei Marmi verbracht und neben den widrigen Eindrücken eines überspannten nationalen Gemütszustandes auch die Erinnerung an den Auftritt eines bekannten Hypnotiseurs mit nach Hause genommen. Nach drei Jahren, in denen diese

Erinnerungen fermentieren konnten, schrieb er die Erzählung, die eine seiner besten geworden ist und in der man unschwer das alte Motiv erkennt. *Mario und der Zauberer* endet wie der *Kleiderschrank* mit einer Ermordung, und wie dort gibt es gute Gründe für sie. Der Hypnotiseur Cipolla, dem Thomas Mann seinen privaten Übernamen verleiht, setzt Mario, den er mit dem Zeigefinger zu sich auf die Bühne winkt, einer fatalen erotischen Demütigung aus. Der Zauberer gaukelt ihm vor, das Mädchen zu sein, in das Mario verliebt ist:

> »Küsse mich!« sagte der Bucklige. »Glaube, daß du es darfst! Ich liebe dich. Küsse mich hierher«, und er wies mit der Spitze des Zeigefingers, Hand, Arm und kleinen Finger wegspreizend, an seine Wange, nahe dem Mund. Und Mario neigte sich und küßte ihn. (VIII, 710)

Was nicht ohne fatale Folgen bleibt. Nachdem Cipolla ihn durch einen Peitschenknall geweckt hat, drückt Mario die Hände an seine mißbrauchten Lippen und stürzt die Stufen hinunter:

> Unten, in voller Fahrt, warf er sich mit auseinandergerissenen Beinen herum, schleuderte den Arm empor, und zwei flach schmetternde Detonationen durchschlugen Beifall und Gelächter. (VIII, 711)

Der erzwungene mann-männliche Kuß führt zur Rache des Gedemütigten; Mario erschießt den Verführer, der ihn bloßgestellt hat.

Dieses Ende beruhte nun nicht mehr auf dem Ferienerlebnis in Duces Italien. Alles war so, wie er es geschildert hatte, nur die tödlichen Schüsse und die Liebesverwicklung nicht. Genau um dieses erfundenen Finales willen aber hat Thomas Mann, wie er in einem Brief zu verstehen gibt, die Geschichte überhaupt geschrieben. Das letale Ende, die Erschießung, auf die er durch eine Bemerkung Erikas gekommen sein will,[79] hat alles andere erst in Marsch gesetzt; er hätte sonst keinen Antrieb gehabt, davon zu erzählen, »und wenn Sie sagen: ohne den Hotelier hätte ich Cipolla am Leben gelassen, so ist die Wahrheit eigentlich das Umgekehrte: um Cipolla töten zu können, brauchte ich den Hotelier – und das übrige vorbereitende Ärgernis«.[80]

Die Lust, die zur Bluttat führt, ist auch das Thema der 1940 entstandenen indischen Novelle *Die vertauschten Köpfe*. Die Motive aus dem Frühwerk, die hier zusammenfinden – die Erstechung aus dem *Tobias Mindernickel* und dem *Kleiderschrank*, der Selbstmord aus dem *Friedemann* –, blühen in dieser exotischen Luft ungeahnt auf. Im Reich der achtzehnarmigen Kâlî geht es nicht zimperlich zu; die Erzählung, deren Drastik nur durch die Komik übertroffen wird, zu der Thomas Mann inzwischen fähig ist, schwimmt ebenso in Blut wie die Lust- und Todesgöttin selbst: »Blut dampfte in der Hirnschale, die eine ihrer Hände zum Munde führte, Blut breitete sich zu ihren Füßen aus, – in einem Kahn stand die Entsetzenerregende, der auf dem Meere der Lebensflut, auf einem Blutmeere schwamm.« (VII, 747) Das ist das Schreckensbild, das sich dem schmächtigen Mann des Geistes auftut, als er den Tempel betritt, der zum Schauplatz des grausen Geschehens wird. Der Geistvolle heißt Schridaman (mit einem »n«), und weil sein Weib, die schöne Sita, den leibesstarken Nanda begehrt, greift er im Angesicht der Göttin, mit im Jammer erregten Geschlecht, das scharfschneidende Schwert und trennt sich den Kopf vom Krischnarumpf. »Wild und geschwinde« fließt sein Blut, wie das des Freundes Nanda, der im Tempel nach ihm sehen will und sich, als er die Lage erfaßt, ebenfalls den Kopf abhackt.

Es ist die mythologisch überhöhte Tempel- und Opferszene, wie wir sie aus dem *Zauberberg* kennen. Auch das obszöne Symbol aus Aschenbachs Traum ist dabei: Im Innern des Tempels ragen die »Lingamsteine«, die beide Männer, bevor sie zum Schwert langen, unauffällig berühren. (VII, 746, 750) Daß Kâlî sich anschließend gnädig zeigt und die Wiederherstellung erlaubt, die Sita zu der Vertauschung nutzt, durch die das Haupt Schridamans auf den Prachtleib Nandas zu sitzen kommt, hilft allen dreien nicht viel. Ihre Lust ist kurz; am Ende erstechen sich die neu Zusammengefügten, und Sita steigt ins Scheiterhaus.

Das »productive Grauen«, das von dem indischen Stoff ausging, hatte schon Thomas Manns Goethe verspürt, der im Siebenten Kapitel der *Lotte in Weimar* über die Verführung als »Paradigma aller Versuchung und Schuld« sinniert. (II, 682) Aus irgendeiner Scharteke hat Goethe die Geschichte der verführten Brahmanenfrau, der abgeschlagenen und vertauschten Köpfe, die er im *Paria* behandeln will. »Dichte dies!« befiehlt er sich, aber vor allem ist es sein Souffleur, der damit erfolgreich an sich selbst appelliert. (II, 683) Der »auto-biographische Furor«, den Goethe im inneren Monolog rechtfertigen muß (II, 652), ist den ganzen Roman lang derjenige Thomas Manns. Die Verführung durchs eigene Geschlecht sieht Goethe als Rache für den Narzißmus, die Rache als ewig mit der Verführung verbunden; die Grausamkeit ist ihm das Haupt-Ingrediens der Liebe, das Ich ein »Messertanz von Schwierigkeit«; die eigene Existenz dünkt ihn mörderisch, und Lotte im Kutschengespräch, das ähnlich offen wie das zwischen Krull und Rosza verläuft, spricht ihn auf die »Menschenopfer« an.[81] Mit alledem hatte Mann sich keinen Fußbreit aus seinem innersten Motivkreis entfernt.

Schekem

Wie die indische Legende nur ein Ableger des Goethe-Romans war, ist dieser seinerseits nur ein Einschub in die Tetralogie *Joseph und seine Brüder.* Dieses humoristische Haupt- und Meisterwerk, das Thomas Mann fast zwei Jahrzehnte lang beschäftigte, scheint auf den ersten Blick frei von dem Zwangsmotiv. Dieser erste Blick aber könnte nicht trügerischer sein. Bei genauerem Hinsehen ist es frappierend zu entdecken, wie in allen vier Büchern die Kraftlinien auf Szenen zulaufen, die wieder vom Alten erzählen, von Wollust und heißer Schuld. Betrachten wir sie etwas eingehender der Reihe nach.

Das erste Buch der Tetralogie handelt von den Geschichten Jaakobs, deren blutigste die von Schekem ist. Eine befestigte Siedlerburg, die Jaakobs Söhne, die dort Land erstanden haben, gern überfallen würden, wozu sie nur eines Vorwands bedürfen. Der wächst ihnen mit ihrer Schwester Dina heran, vor deren Reizen der Sohn des Burgherrn zum zweiten Wehsal wird. Sie ist nicht schön, diese Dina, aber unwiderstehlich; ihre Ausstrahlung macht selbst vor Romangrenzen nicht Halt. Vor dem Burgsohn hat sie schon Felix Krull verführt: mit ihren langen finster-süßen und bisweilen schielenden Augen, der stumpfen Nase, dem breiten, rot aufgehöhten Mund und den zierlichen Brüsten ist sie das Nach- und Ebenbild der schlimmen Liebeslehrerin.[82] Ohne Dina, ohne die chabirische Dirne, klagt der Burgsohn, müsse sein Leib verdorren. Als er bei Jaakob um sie wirbt und reiche Morgengabe bietet, wird ihm erklärt, vor allem anderen müsse er sich erst einmal beschneiden lassen. Eine Woche später, strahlend, wenn auch geschwächt, kehrt er an den Ort der erhofften Belohnung zurück. Gewiß, wird ihm da gesagt, die Beschneidung sei vollzogen, aber nicht mit einem Steinmesser, sondern mit einem aus Metall, darum habe es keine Gültigkeit. Daß der Geprellte daraufhin die Geduld verliert und Dina entführt, ist nicht gegen den heimlichen Wunsch der Brüder. Sowie der Burgsohn nach vollzogenem Beilager um Versöhnung einkommt, lautet ihre nächste Forderung: nun hätten sich sämtliche Männer Schekems zu beschneiden, mit Steinmessern, dann werde es eine Hochzeit geben mit Lachen und Lärmen. Drei Nächte später, als in der Burg alles fiebernd liegt und die Verbände wechselt, fallen die Brüder über das Städtchen her und halten ein grausames Gemetzel ab. Mit Feuer und Schwert werden die Einwohner massakriert, Gassen und Häuser schwimmen in Blut, der Burgsohn steckt, »schändlich zugerichtet, kopfüber in dem Latrinenrohr seines Badezimmers«. (IV, 181) Diese »Bluthochzeit« (IV, 183) ist das Urverbrechen, auf das in den nächsten Bänden immer wieder angespielt wird. Noch die späte Heirat Josephs nutzt der Erzähler zu einer langen Reflexion über die Verwandtschaft zwischen Hochzeit und Tod, dem Raub der Jungfräulichkeit und Mord. (V, 1521 f.)

Den Überfall selbst, wenn auch nicht seine sadistischen Details, kennt man aus der Bibel. Was mit Dina geschieht, ist die Neuerung Thomas Manns. Anders, als die Quelle es will, und anders, als er es vordergründig erzählt – denn seine Dina hat gegen das Beilager mit dem Burgsohn nichts einzuwenden –, ist der Grund für das Gemetzel in der Darstellung der Brüder, daß die Schwester »vergewaltigt« wurde und der Wollust der »Sodomiter« zu entreißen war. (IV, 174 f.) Damit blitzt, in der gehässigen Übertreibung der Jaakob-Söhne, die einzige Benennung dieses Vorgangs auf, die es in Thomas Manns Werk gibt: eine Vergewaltigung durch Homosexuelle, die zu blutiger Rache führt.

Gehandelt wird davon aber auch im nächsten Band *Der junge Joseph*, der ebenfalls eine Bluttat erzählt. Die Brüder ziehen beleidigt nach Schekem aus, weil Joseph mit seinen Erhöhungsträumen prahlt. Auf Jaakobs Geheiß reist Joseph ihnen nach, und was dann passiert, das weiß man aus der Bibel: die Brüder werfen ihn in den Brunnen. Was aber passiert in der Fassung Thomas Manns?

Joseph nähert sich in Rahels Schleierrock den gelagerten Brüdern. Sowie sie ihn sehen, stürzen sie sich auf ihn:

> Sie fielen auf ihn, wie das Rudel verhungerter Wölfe auf das Beutetier fällt; es gab kein Halten und kein Besinnen für ihre blutblinde Begierde [. . .]. »Herunter, herunter, herunter!«

schrien sie keuchend, und einhellig war die Ketônet gemeint, das Bildkleid, das Schleiergewand, das mußte von ihm herunter (IV, 555)

Sie entkleiden ihn, und sie zerreißen seinen Schleier, und auch sein Myrtenkranz liegt bald zerrissen im Moos; der Kranz, den Joseph sich von Potiphars Weib nicht zerreißen lassen will. Es sind die eingeführten Euphemismen für Entjungferung oder Notzucht. Auch das Wort selbst fällt bald darauf:

Er trachtete verzweifelt, das Gewand zu bewahren, die Trümmer und Lappen davon noch an sich zu halten, schrie mehrmals auf: »Mein Kleid!« und bettelte in Ängsten der Jungfräulichkeit: »Zerreißt es nicht!« noch, als er schon nackend war. (IV, 557)

Wozu führt Thomas Mann hier die Jungfräulichkeit ein? Um nur die letzten Zweifel daran auszuschalten, was er eigentlich im Sinn trägt, faßt er noch einmal zusammen, was mit Joseph, wie zuvor mit Dina, geschah:

Entschleiert hatten die Rasenden ihn ohne Erbarmen – wie Liebe die Braut entschleiert im Bettgemach, so hatte ihm ihre Wut getan und hatten ihn nackend erkannt, so daß Todesscham ihn durchschauert hatte. (IV, 582)

»Erkennen« war schon im *Felix Krull* nicht mißzuverstehen,[83] in einem biblischen Epos ist es eindeutig: Joseph war Opfer einer Gruppenvergewaltigung mit gerade noch verhindertem Totschlag. Als könne er, wo er schon soviel angedeutet hat, die Sache auch gleich beim nackten Namen nennen, kommt Thomas Mann später noch einmal darauf zurück. Er zählt die Gründe für Josephs Keuschheit auf; einer davon ist Rücksichtnahme,

> in welcher das Erlebnis furchtbarer Vergewaltigung mit der Zerreißung von Kranz und Schleier ihn nur höchlich hatte bestärken können. (IV, 1137)

Unnötig zu sagen, daß die Kranzzerreißung nicht ohne Blut abgeht; in schlängelnden Rinnsalen läuft es über Josephs von brüderlicher Wut begeiferten Körper, der so »überaus zart« war bei der unzärtlichen Berührung, daß die Missetäter nach getanem Werk noch lange darüber grübeln. (IV, 558, 567)

Bei der Beratung nach dem ersten Auflodern hätte nicht viel gefehlt, und sie hätten Joseph den Garaus gemacht. Wie im *Tobias Mindernickel* und wie im *Felix Krull* – dort bei einer Gelegenheit, die nur Naphta als »verwandt« empfände[84] – weigert sich der Erzähler, ins allzu krasse Detail zu gehen: »Hier fielen Worte, die wir nicht unmittelbar wiedergeben, weil sie eine neuzeitliche Empfindlichkeit erschrecken [. . .] würden«. (IV, 562) Soviel immerhin erfahren wir, daß der stramme Gad vorschlägt, Joseph rasch mit dem Messer die Kehle zu durchschneiden, »wie Jaakob einst mit den Böcklein getan« (IV, 562), und Tobias Mindernikkel einst mit Esau. Dank Rubens Einspruch wird die Tat abgemildert zum Brunnensturz, was Joseph nicht davon abhält, Mitleid »mit seinen Mördern« zu empfinden. (IV, 574, vgl. 583) Als der knapp Verschonte aus dem Brunnen befreit wird, ist es Juda, der auf den rettenden Einfall kommt. Joseph wird für zwanzig Silberlinge an die Ismaeliter verkauft (die ihn nicht bar bezahlen, sondern in Sachwerten, darunter vor allem

Rasiermesser und Messer (IV, 613)). Nachdem sie Jaakob das mit Tierblut befleckte Kleid haben schicken lassen, schwören die Brüder den Schweige-Eid, der sie zusammenbinden und bündeln soll, als ob sie nicht einzeln wären, »sondern *ein* Mann, der die Lippen zusammendrückt und tut sie auch im Tode nicht auf, sondern stirbt, den Mund verbissen vor seinem Geheimnis«. (IV, 627f.)

Joseph unterdessen zieht mit den Ismaelitern nach Ägypten und wird an den Hof Potiphars verkauft, wo er den dritten Romanband über an seinem Aufstieg arbeiten und gegen die Lockungen von Potiphars Frau ankämpfen wird. Die mit einem Kastraten verheiratete Mut-em-enet, die Josephs Schönheit zur Lust erweckt, fleht immer dringlicher, daß er ihr das Blut stillen soll, und mit dem Flehen beläßt sie es bald nicht mehr. Erst lockt sie ihn, dann droht sie ihm mit entlegenen Folterqualen, wenn er nicht endlich bei ihr schlafe (V, 1206f.); Foltern, durch deren Ausmalung ihr Erfinder, einer Tagebuchstelle zufolge, »sinnliche Erschütterung« erfuhr. (29.5.1936)[85] Als auch diese Drohungen nichts verschlagen, verliert Mut die letzten Hemmungen und erzählt ihr Liebesleid überall herum. Eine Damengesellschaft, die sie mit Schläue arrangiert, soll ihren Worten plastischen Nachdruck verleihen. Das wichtigste Utensil dabei sind Schälmesserchen, die sie so gründlich hat wetzen lassen, daß sie noch schärfer als Rasiermesser sind. Diese Messerchen liegen neben den Chinaäpfeln, die von den Hofdamen geschält werden, als der Schenke Joseph eintritt und alle Blicke auf sich zieht. Lüstern wird er angestarrt, und was dabei passiert, hatte Mut sich genau so gedacht:

> Es war ein schreckhafter Anblick. Da die behenden Messerchen bei vielen zolltief geflitzt waren, sickerte das Blut nicht nur, es quoll und strömte; die Händchen mitsamt den goldenen Äpfeln waren ganz überschwemmt und verschmiert von dem roten Naß, es durchtränkte färbend die blütenhaften Stoffe der Kleider im Schoße der Frauen, bildete Lachen darin und troff auf die Füßchen, den Estrich hinab. (V, 1217f.)

Es lüstert sie, darum muß das Blut fließen; das Prinzip ist so mächtig, daß es in die kleinsten Erzählzellen drückt.

Mut-em-enet, die immer mänadenhafter wird, greift endlich zum letzten Mittel. Sie willigt in die Hexerei mit der Vettel Tabubu, die ihr den Spröden erzwingen soll. Tabubu ruft den Beistand einer dunklen Göttin an, die »Hündin« genannt wird, und ein leibhaftiger Hund ist auch nötig für die Zeremonie. Seit Esaus Ende kann man ahnen, was mit ihm geschehen wird. Diesmal weigert sich der Erzähler nicht, ins Detail zu gehen.

> »Wo ist das Zweischneidige? – Hier. – Und der Hundeköter? – Er liegt noch am Boden, einer jungen Hyäne ähnlich, die Klauen gefesselt und die Schnauze verbunden [...].« – »Her mit dem Schnüffler, dem unanständigen Biest, und seine Kehle gespalten! Nunmehr den Bauch geschlitzt und die Hände getaucht ins heiße Gedärm, das dir entgegendampft in der Kühle der Mondnacht. Blutig verschmiert, mit Kutteln behangen, heb' ich sie auf vor dir, meine Opferhände, denn ich habe sie zu deinem Ebenbilde gemacht.« (V, 1234)

Die rituelle Schlachtung, von Hexen- oder Dionysikerhand wie in den gehabten Traumszenen, dient der körperlichen Lust. Die Seele, zum Jammer Muts, bleibt dabei abgewandt. Wie Tonio Kröger bei seinem Abstieg in Wollust und heiße Schuld »unsäglich« litt, klagt auch Mut nach beendeter Prozedur bei den reineren Geistern, wie weh ihr bei diesem Tiefstand sei. Zu allem Überfluß ist auch noch Tabubu frech und spricht verächtlich zu ihr; Gelegenheit für den Erzähler zu folgender Sentenz:

> Das ist eine sehr alte Erfahrung des Menschen, daß seine Verführer, nämlich diejenigen, die ihn unter seinen Rang hinabführen, ihn, wenn sie ihn glücklich unten haben, auch noch durch die Schnödigkeit, mit der sie nun plötzlich von der neuen, noch ungewohnten Stufe sprechen, erschrecken und verhöhnen.

Wie Settembrini richtig beobachtet hatte, gibt es eine Art zu verallgemeinern, die den Gegenstand persönlich färbt. Noch persönlicher mutet der Nachsatz an:

> Der Stolz verlangt dann, daß man sich seine Angst und Verwirrung nicht merken läßt, sondern antwortet: »Möge es hier, wie immer, zugehen – ich wußte, was ich tat, als ich dir zu folgen beschloß.« Und so ungefähr äußerte sich auch Mut [. . .] (V, 1230)

Daß sie der Verführerin folgt, bringt Mut dem Ziel der Lust ganz nahe: der »Stärke«, die sie noch erblickt, als Joseph ihr mit knapper Not entkommt. (V, 1259) Joseph wird zum Esel und Totengott, als er vor der Liebesrasenden flieht, aber er bleibt gerade noch standhaft. Er ist der märchenhaft glückliche Held, weil er beidem widersteht, der Verführung und der Gewalt, das heißt genauer: der Verführung zur Gewalt, die ihm von Mut mit lispelnder Kinderstimme angetragen wird. Es ist ein Antrag, den Thomas Mann der Bibel hinzugedichtet hat: Mut bittet um die Ermordung Potiphars.

> »[. . .] Darum, süßer Osarsiph, laß uns ihn kaltmachen, es ist überhaupt nichts dabei. [. . .] Denn du hast ja recht, mein Gottesknabe, zu sagen, daß er unsrer Wonne im Wege ist und wir sie ihm nicht antun dürfen, – ich billige dein Bedenken. Aber eben darum mußt du doch einsehen, daß man ihn kaltmachen muß und ihn aus der Welt schaffen, damit das Bedenken behoben ist und wir ihm nichts mehr antun mit unsrer Umarmung! Verstehst du das nißt, mein Tleiner? [. . .]« (V, 1173 f.)

Joseph antwortet, das sei ja gräßlich, und es fehle nur, daß sie sage, sie seien miteinander im Geheimnis deswegen, weil sie ihn in den Gedanken hineingezogen habe und es nun leider auch seiner sei.

Vom großen Geheimnis und seiner Enthüllung handelt schließlich das vierte Buch, in dem Joseph nach zweitem Grubensturz zur rechten Hand Pharaos wird und seine unterm Kornmangel darbenden Brüder empfängt. Der Höhepunkt dieses letzten Bands ist die große Bekenntnisrede Judas, der den furchtbaren Eid der Brüder bricht und dem hohen Herrscher das Urverbrechen gesteht.

Schon länger hatte den Jaakob-Söhnen gedämmert, daß all die merkwürdigen Anstalten dieses Herrschers, die Heimsuchung, daß sie der Spionage bezichtigt wurden, »Vergeltung bedeute für alte Schuld«. (V, 1617) Und Juda hat als erster geahnt, daß das Geheimnis, aus dem alle Eigentümlichkeit kommt, nur durch die Offenbarung anderen Geheimnisses zu erhellen sei. (V, 1683) In der notvollen Stunde, als sie angeklagt vor Pharaos Markthalter stehen, erhebt sich sein Herz zur großen Rede des Romans, und er bricht den Eid überm Knie entzwei: ihr Elfter, des Vaters Lamm – das Tier hat ihn gar nicht zerrissen, sondern die Brüder haben ihn einst in die Welt verkauft. »Wogenden Leibes stand er, und bleich standen die Brüder, wenn auch tief erleichtert, weil es heraus war.« (V, 1684)

Spätestens mit dieser Löwenrede zum Höhepunkt des letzten Buches erweist sich Juda als eine allzulang unterschätzte Hauptfigur des Romans. Juda ist der Schatten Josephs, der düster Erwählte, auf den Thomas Mann alles überträgt, was er sonst auf Exzentrikern wie dem Mannheimer oder dem halluzinierenden Christian ablud. Einem *Faustus*-Kritiker wird er später für dessen »Parallelisierung Adrians mit Juda« danken.[86] Es sind drei Eigenschaften, die er ihm verleiht, und alle drei sind miteinander verwandt. Alle drei wären uns auch dann vertraut, wenn wir von Thomas Mann nur Reden, Briefe, Tagebücher hätten; sie bilden das innere Triumvirat seiner Künstlerexistenz.

Das erste dieser drei ist das Leiden an der Lust. Judas Geschlechtsleben »hatte von jung auf ein wirres und schmerzliches Gepräge getragen. Er stand mit Astaroth auf unvergnügt-gespanntem Fuß, litt unter ihrer Geißel, die ihn jagte, und war ihr untertan, ohne sie zu lieben, was einen Riß in seiner Seele bedeutete und eine Uneinigkeit in ihm selber.« (IV, 492 f.) Seit Juda und die Brüder aber miteinander Joseph aus der Welt geschafft haben, hat Aschtartis die Plagen noch gesteigert, und es ist kaum anders zu sagen, »als daß der Mann seitdem in der Hölle büßte – in einer der Höllen, die's gibt, der Geschlechtshölle.« (V, 1548)

Juda sieht es als Strafe für die alte Untat an. Das ist das zweite, was ihn auszeichnet: das nicht nachlassende Gefühl der Schuld, Verschuldung, Schuldigkeit, dem ein ebenso starkes Bedürfnis nach Reinheit entspricht.

Wie Christian Buddenbrook ist er in eine Gewalttat verwickelt, und wenn er sich dabei lang nicht als der Schlimmste hervortut, so doch als der Empfindlichste. Er ist der einzige, dem die Tat entsetzlich nahegeht und das Gewissen zernagt. (V, 1546) Und darum, das ist das dritte, entfaltet er Geist. Zum Mann der Löwenrede wird Juda, weil er es war,

> der sich auf Schuld am meisten verstand und darum zum Reden berufen war. Denn Schuld schafft Geist – und schon umgekehrt: ohne Geist gibt es gar keine Schuld. (V, 1678)

Das ist nur eine der so allgemein wie persönlich gehaltenen Sentenzen, die zu seinem festen Gefolge gehören, wenn Juda sich den Weg durch die Textmenge bahnt. Immer wieder kommt der Erzähler anläßlich seiner auf das Wesen der Schuld zu sprechen. Schon als Kind wird Juda gegen den noch ungeborenen Joseph aufgehetzt, Lea senkt ihnen den Keim des Hasses in die Herzen, und der Erzähler stellt sich die Frage, ob die Brüder sich denn nicht auch einfach hätten vertragen können. Seine Antwort ist nicht überraschend, Thomas Mann hat sie sich ähnlich schon früher zurechtgelegt:

> Das Geschehen der Welt ist groß, und da wir nicht wünschen können, es möchte lieber friedlich unterbleiben, dürfen wir auch die Leidenschaften nicht verwünschen, die es bewerkstelligen; denn ohne Schuld und Leidenschaft ginge nichts voran. (IV, 336)[87]

Das ist noch vor der Übeltat, die auch Juda vorantreiben wird, gerade weil er sie sich immer im Bewußtsein hält. Der Stachel des schlechten Gewissens schärft das moralische Gefühl. Man glaube doch nicht, daß der schuldig Gewordene unmoralisch sei, das Gegenteil ist der Fall: »Sünder können äußerst reizbar sein gegen die Sünde der Welt« (V, 1574), belehrt uns der Erzähler, und Juda läßt er erklären, als es um den im Futtersack versteckten Becher geht: »Nicht unschuldig nenn' ich uns, es wäre Frevel. Es gibt aber auch eine Würde der Schuld, die hält auf sich, mehr vielleicht noch als Unschuld, und silberne Becher zu mausen ist nicht ihre Sache.« (V, 1671) Die Würde der Schuld: das ist der Halo, der um Juda steht, der eine Gedanke und Daseinsgrund dieser Figur. Der Erzähler löst sich schon fast von ihr, wenn er uns ein weiteres Mal wissen läßt:

> Verbrechen sollen lieber nur Stumpfe begehen; es macht ihnen nichts, sie leben ihren Tag hinterdrein, und nichts geht ihnen nach. Das Böse ist für die Stumpfen. Wer auch nur Spuren von Zartheit aufweist, der lasse seine Hand davon, wenn er irgend kann, denn er muß es ausbaden, und nützt ihm nichts, daß er Gewissen bewiesen hat in solcher Sache: bestraft wird er gerade um seines Gewissens willen. (V, 1546)

Bei Juda führt das Gewissen nicht nur dazu, daß er alles Übel, das er erleidet, »als Vergeltung [. . .] für das Begangene, das Mitbegangene« ansieht, sondern auch dazu, daß er dieses Übel als Auszeichnung begreift:

> er wollte es so, daß er Strafe leide, er allein, und blickte mit Geringschätzung auf die, die ungeplagt blieben dank ihrer Dickfelligkeit. Und das ist der eigentümliche Hochmut des Gewissens. (V, 1547)

Und es ist der eigentümliche Ton des »Ich weiß, wovon ich rede«, der sich in diesen sentenzhaften Abschlüssen äußert.

Warum aber wählt Thomas Mann Juda für den Schuldkomplex, warum nicht Joseph, warum nicht Ruben oder Sebulun? Weil es Juda ist, der den Segen bekommt. Nicht Joseph wird's, der Glückliche, der die Bluttat vermied, sondern Juda, der Sünder, den das Schuldgefühl quält und ins Geistige treibt.
Damit ist das Thema eingeführt, das die späten Romane Thomas Manns beherrschen wird: Erhöhung trotz Schuld, Erhöhung gerade wegen Schuld. Es ist ein Thema, das ihm erst mit dem Weltruhm wichtig wird; davor kann es nicht mehr als der wirre Traum von einer Lorbeerkrone sein. Ab dem *Joseph* aber verdrängt es alles andere: Leverkühn, der Teufelsbündner, endet als Gotteslamm und Messias der Kunst; der Erwählte, der alle Sündengreuel auf sich vereint, wird zum Haupt der Christenheit. Jedesmal kommt es dabei zu einer Beicht- und Bekenntsnisrede, wie Juda sie vor Joseph hält. Und jedesmal wird die Schuld genau benannt.

Bleicher Mann, beichtend

Im *Erwählten*, so könnte man meinen, bestünde sie in der Sünde des Inzests; so gibt der Stoff der Legende es vor. Die Urschuld aber ist etwas anderes, von dem keine Quelle weiß.[88] Der brave Erzähler-Mönch Clemens muß sich überwinden, den Hergang zu berichten: die Kemenate der Geschwister ist »so voll von Zärtlichkeit, Befleckung, Blut, Wut und Meintat, daß sich mir vor Erbarmen, Scham und Kummer das Herz umdreht und ich es alles kaum sagen mag«. (VII, 35)

Von der Befleckung wissen wir aus der Gregorius-Legende, aber von Blut und Wut? Im *Erwählten* passiert vor dem Inzest etwas, das man bei Hartmann von Aue vergeblich sucht. Der Hund Hanegiff ist in der Kammer der erregten Geschwister und heult jämmerlich:

> Da sprang der Junker, wie er war, vom Bette wild und irre nach seinem Seitenmesser, packte den Hund und schnitt ihm die Kehle durch, daß er röchelnd verreckte, warf das Messer auf ihn, dessen Blut der Sand des Estrichs trank, und kehrte trunken zurück zum Ort der anderen Schande.
> O weh, der schöne, gute Hund! Nach meiner Meinung war es das Schlimmste, was diese Nacht geschah, und eher noch verzeih ich das andere, so unstatthaft es war. Aber es gehörte wohl alles zusammen und war nicht hier mehr, dort weniger zu schelten, ein Gewöll von Liebe, Mord und Fleischesnot, daß Gott erbarm. (VII, 36)

Ein Gewöll, in der Tat, das sich durchs Werk zieht, seit T. M. den armen Esau erstach. Der Mord vor der Lusttat, nicht der Inzest, ist die Ursünde, die den gewaltigen Gnadenapparat in Gang zu setzen hat; Clemens läßt so wenig Zweifel daran wie die Braut und Mutter des neuen Papstes, die in der Schlußbeichte ausdrücklich des heulenden Hanegiff gedenkt. (VII, 253)

Diesem ersten Mord korrespondiert ein zweiter, vermeintlicher, der sein Vorbild bei Hartmann von Aue hat. Nach der Entdeckung des Mutter-Inzests sucht Grigorß eine Einöde, um zu büßen, und macht Rast in der Hütte eines Fischers. Dieser Fischer, eifersüchtig auf den schönen Asketen, setzt ihn, wie dieser es wünscht, auf einer Insel ab und fesselt ihn zusätzlich durch ein Fußeisen, dessen Schlüssel er in den See wirft. Siebzehn Jahre vergehen. Grigorß auf seinem Felsen überlebt wider Erwarten, und in Rom träumt man einen Doppeltraum vom auserwählten Papst. Die zwei Emissäre machen sich auf den Weg und stoßen auf die alte Hütte. Es ist Grigorß auf dem Stein, zu dem sie und der Leser streben; nach der Befindlichkeit des böswilligen Fischers hätte niemand gefragt. Bei Hartmann von Aue hat er den Zwischenfall ganz vergessen.[89] Nicht so bei Thomas Mann, der uns einen Blick in seine Seele werfen läßt:

> Hinzufügen will ich, daß der Mann von jener Erinnerung nicht gar viel wissen wollte und sie möglichst aus seinem Geist verbannte. Denn ihm war nachträglich immer, als ob er damals, obgleich er doch ganz nach des Fremden Wunsch und Begehr gehandelt hatte, etwas wie eine Missetat oder, kurz gesagt, einen Mord begangen habe; und dergleichen verbannt man lieber. (VII, 209)

Dergleichen verbannte man lieber; aber es gelingt eben nicht. Dem Fischer, heißt das, gelingt es »gar nicht übel, was die oberen Bezirke seines Gedächtnisses betraf«. Die unteren aber sorgen dafür, daß er sich gleich bei der Ankunft der Rom-Gesandten verrät (er habe noch keinen, »mochte er Herr sein oder Bettler«, von seiner Schwelle gewiesen (VII, 213)), und als sich dann im Magen des Hechts, den er ihnen zerlegt, der Schlüssel des Fußeisens findet, hat Thomas Mann ihn dort, wo er ihn haben will:

> Da richtete der bleiche Mann sich auf und tat seine Beichte [. . .] (VII, 219)[90]

Bleich wie die Brüder bei Judas Offenbarung, bleich wie Adrian Leverkühn in der Schlußansprache, auf deren Geständnisse sein Freund Zeitblom mit zitternder Feder schon im Eingangskapitel verweist – ein Zittern, das er mit seinem Autor teilt.

Kein Buch hat ihn so mitgenommen wie dieses »radikale Bekenntnis«, die »Lebensbeichte« und »übertragene Autobiographie« von »fast sträflicher Schonungslosigkeit«, die er in einem »Zustand tiefer Erregung, tiefer Aufgewühltheit und Preisgabe« und mit so viel Entschlossenheit zum »Einsatz von Wirklichkeit und Lebensgeheimnis« geschrieben hat, daß der »Gedanke des Öffentlichwerdens dieses Lebens- und Geheimwerks« ihm nach dem Abschluß »in tiefster Seele fremd und unfaßbar« bleibt – »Das Ganze ist wie eine offene Wunde.«[91] Es kann kein Zweifel sein: wenn es ein Werk gibt, dem Thomas Mann, wie verschlüsselt auch immer, die Geheimnisse anvertraut hat, deren Aufdekkung er im April 1933 als tödliche Gefahr fürchtete, dann ist dieses Werk der *Doktor Faustus*. Und umgekehrt, wovon sonst sollte das Geheimwerk handeln als von eben jenen Lebensgeheimnissen, von denen die Tagebuchstelle spricht?

Das ist aber auch schon fast das einzige, was man sicher sagen kann von diesem intrikatesten seiner Romane, bei dem die Anspielungen aufeinandergetürmt werden wie die Matratzen und Eiderdaunenbetten im Märchen von der Prinzessin, die dennoch die Erbse hindurch spürt. Und am tiefsten Punkt unter den Anspielungsschichten verbirgt sich auch hier das Harte, das dem Autor die Nächte raubt und ihm die Seele wunddrückt.

Ist es die Affaire mit Schwerdtfeger, den Adrian nach gemeinsam verbrachtem Urlaub duzt, die Geschichte also seiner Jugendpassion für Paul Ehrenberg? Aber es ist kein Geheimnis mehr, wenn man es bei erster Gelegenheit herumerzählt. Es genügt die Erkundigung eines Bekannten, und er platzt damit heraus: »Ach, meine Jugendfreunde, die Ehrenbergs! Carl, der Ihnen den dämlichen Brief geschrieben hat, spielte den Tristan so schön gebunden, und ›jener Paul‹ war freilich ein Maler, dem viele, viele gleichen, aber ein reizender Kerl und wohl eigentlich eine meiner großen Liebschaften, – ich kann es nicht anders sagen.«[92] Niemand hatte ihn zu dem verfänglichen Wort gezwungen. Und niemand konnte in der *Entstehung des Doktor Faustus* darüber hinweglesen, daß im Verhältnis zwischen Adrian und Rudi Schwerdtfeger »das Homosexuelle eine koboldhafte Rolle spielt«. (XI, 208)

Dann ist es die Schuld des kalten egozentrischen Künstlers, die er in der Figur Leverkühns dämonisiert? So sicher es ist, daß er das tut und daß es ihm schmerzlich wird, so wenig kann es doch das Geheimnis sein: ganz offen spricht er ja in der *Entstehung* von diesem Schuldgefühl, das seiner auf »Konzentrationszerstreutheit beruhenden Unmenschlichkeit« gilt. (XI, 265) Vielleicht fragt man überhaupt besser umgekehrt: Was können diese Geheimnisse nicht sein, was liegt in diesen Anspielungsschichten offen?

Stellen wir uns vor, man würde den *Faustus* um all jene Zeilen erleichtern, bei denen eine gute kommentierte Ausgabe uns durch eine kleine Anmerkungszahl auf eine Quelle verweisen würde, sei es einen anderen Text, ein Werk der bildenden Kunst oder ein überliefertes biographisches Detail. Seite um Seite könnte man so aus ihm entfernen: mit Verweisen auf das

Faustbuch und das Leben Nietzsches, den *Hexenhammer* und die Kupfer Dürers, die Zwölfton-Lehre und Adornos Musiktheorie, Frau von Meck und die Kompositionen Alban Bergs; auf Luther, Kierkegaard und die Märchen Andersens, auf Reisiger, Preetorius oder das Enkelkind Frido, auf den Selbstmord der Schwester Carla, die Dreieckswerbung aus Shakespeares Komödien, den Trambahn-Mord aus der Zeitungsnotiz, die Kindertotenlieder Mahlers, die Zusammenbrüche Schumanns und Hugo Wolfs, Dantes *Inferno* und Michelangelos *Jüngstes Gericht*.

Es bleibt nicht viel übrig, wenn man alle diese Seiten heraustrennt, die mit solchen Anmerkungsziffern gesprenkelt sind. Weiße Seiten gibt es nicht in diesem Roman, der seine »blutige Radikalität«[93] in Zitatismus hüllt. Aber es gibt einzelne weiße Stellen, und es gibt Zitate, die wie im *Gesetz*, im *Joseph* und im *Erwählten* eine kleine, aber entscheidende Abwandlung erfahren.

Die Urgeschichte, die alles weitere auslöst, ist ein Zitat aus Paul Deussens *Erinnerungen an Friedrich Nietzsche* und der Jenaer Krankengeschichte. Leverkühn wird von einem Stadtführer in ein Freudenhaus gelockt, wo er das »Trauma der Begegnung mit dem seelenlosen Triebe« erleidet; gestreichelt von der Hetäre, vor der er flieht und die ihn ein Jahr später, als er ihr nachreist, spezifisch infiziert. (VI, 198)

Das heißt, genau so war es in der Nietzsche-Überlieferung nicht: dort wird der Hochmütige nicht mit dem Arm gestreichelt – eine Berührung, die Zeitblom tagelang auf seiner eigenen Wange spürt (VI, 198) –, und dort reist er der Bräunlichen nicht nach, sondern kehrt nur »an einen solchen Ort zurück«, wie Thomas

Mann selbst referiert.[94] Die weite Reise und die Fixierung ist neu – was auch wieder nicht ganz stimmt, denn der Typ, auf den sie sich heftet, ist uns längst bekannt. Hetaera Esmeralda trägt ein Jäckchen von Dürers »Negerin Katharina«; aber mit Stumpfnase, großem Mund und Mandelaugen (VI, 191) erinnert sie stark an die früheste Verführerin im *Felix Krull,* die ihrerseits an das Portrait gemahnt, das der junge Thomas Mann von Neapel gab. Nicht aus Nietzsches Leben, sondern aus dem Felix Krulls leitet sich auch die Herkunft der Verderberin ab. Rosza ist aus Ungarn, und dahin reist Leverkühn der Bräunlichen nach, um von ihrem vergifteten Fleisch zu kosten. Aus Ungarn stammt auch Adrians unsichtbare Gönnerin Frau von Tolna, als die Hetaera später wieder erscheint.[95]

Esmeralda hat einen Zuhälter, und auch der ist ein alter Bekannter, den man in fremden Subsidien vergeblich sucht. Der Ludewig aus dem Teufelsgespräch, der schmächtige, bleiche Rothaarige mit einer Mütze im Haar und der Zunge im Mundwinkel, gleicht dem neapolitanischen Zuhälter-Komödianten aus dem *Tod in Venedig* und dem Münchener Strolch aus den *Hungernden*; mit seiner Schauspielerstimme ist auch er aus dem darstellerischen Fach. (VI, 298, 304)[96] Man kennt auch sein Entrée: er sitzt plötzlich auf dem Sofa, im steinernen Saal Palestrinas, und Zweifel an seiner Wirklichkeit erklärt er für »pure Hypochondrie«. (VI, 300) Mit gewissem Recht, wie wir wissen, denn der Anfang der Szene beruht auf einem visionären Erlebnis. Christian Buddenbrook sprach von ihm, wie er von den gezückten Messern im Süden sprach; Messer, die im *Faustus* zu den symbolischen Messern der kleinen Seejungfrau werden, deren Schmerzen ihr Liebhaber erdulden muß.

Mit ihr – oder ihm, denn es steckt der Teufel in ihr – darf Adrian Verkehr haben, aber lieben darf er nicht, darüber belehrt ihn der käsige Strizzi zum Schluß des Gesprächs. Sie sind im Geschäft, bezeugt durch sein Blut, was heißt, daß er den Durchbruch schaffen wird, aber um den Preis des Liebesverbots. (VI, 331)

Die Folge dieses Verbots sind die zwei Verbrechen, auf die der Roman von Beginn an zuläuft. Das erste ist der Tod des Kindes, an dem Leverkühn sich schuldig fühlt. Mit Ausnahme der Erinnerung an die Tragödie Gustav Mahlers, der seine geliebte Tochter verlor, nachdem er die *Kindertotenlieder* schrieb, ist dieser Handlungsteil schlecht belegt. »Welche Schuld, welche Sünde, welch ein Verbrechen«, klagt Leverkühn sich an, als der Knabe stirbt; aber worin genau besteht seine Schuld, außer darin, daß er sich Echos als Inspiration bedient (wie Mann es mit Frido tat, dessen Schilderung die krassen »Morde« übersteigt, die er seiner Frau bekennt und im Tagebuch in Anführungszeichen setzt)?[97] Die mythische Logik fordert, daß der Teufel den Knaben wegrafft, weil Leverkühn ihn unerlaubt liebt. Dies Unerlaubte wird ins Doppeldeutige hinübergespielt, wenn Leverkühn sich bezichtigt, er habe seine Augen an dem Knaben geweidet und ihn »giftigen Einflüssen« ausgesetzt. (VI, 633) Das würde, so herausgerissen, auch einen bösen Onkel und Päderasten bezeichnen. Aber auch nur so herausgerissen. Es liegt ein Abgrund zwischen der Liebe Leverkühns zu Echo und der Päderastie; freilich ein schmaler. Wohl darum verwahrt sich der Autor so streng gegen einen

Doktoranden, der ihm mit dem Aufspüren des Homosexuellen zu leicht bei der Hand sei. Er gebe alles Mögliche zu, aber die Herabkunft des himmlischen Kindes hätte der Forscher auch »aufs ›zarteste‹ nicht damit schimpfieren dürfen«.[98]

Nicht viel zuzugeben, weil es offenlag, war beim zweiten Fall, in dem Leverkühn das Liebesverbot übertritt. Das beharrliche Buhlen Schwerdtfegers erreicht in Ungarn sein Ziel, danach tauscht Adrian mit ihm das Du. Und dafür, daß jener ihm zu nahe trat, rächt er sich. Zeitblom deutet es gleich im Eingang an, später spricht er von der Katastrophe, in die Adrian »auf eine geheimnisvoll-tödliche Weise handelnd verwickelt« sei. (VI, 379) Adrian schickt Schwerdtfeger als Werber aus, der aber wirbt erfolgreich für sich. Das ist das Motiv der Dreiecks-Werbung aus den Shakespeare-Stücken, die Adrian komponiert. Bei Thomas Mann erfährt es eine entscheidende Erweiterung: der Betrogene lotst den allzu Aufdringlichen in den Tod. Schwerdtfegers Ex-Geliebte erschießt ihn aus Eifersucht, bevor er die Adrian zugedachte Frau heiraten kann. Die Intrige ist umständlich genug, aber ihr Sinn ist klar. »Gewiß, ich wandle das ab«, schreibt Thomas Mann über seine Shakespeare-Adaption: »Adrian tötet den Freund, den er liebt [. . .].«[99]
Er wandelt es zu etwas ab, wofür es keine Quelle gibt. Aber diese Abwandlung stand *vor* dem Zitat. Shakespeare ist Hülle und sekundär. Der Kern des Plans steckt in einer frühen Arbeitsnotiz:

> Er ist gezwungen, seinen Ehewunsch gerade dazu zu gebrauchen, den Menschen zu töten, mit dem er Lust gehabt.[100]

Und also schickt er Schwerdtfeger los, damit er in der Trambahn erschossen wird.

Viele Leser des *Faustus* fanden diesen Handlungszug nicht zwingend, so daß Thomas Mann ihn öfters erklären mußte. Seinen Sohn Michael hat er stark irritiert. In der Lübecker Geburtstagsrede über die *felix culpa* antwortet er auf die Frage, wie weit es sich bei dem Umschlagen vom Hochmut des Geistes zur Barbarei, das die Voraussetzung des Faschismus und die Sünde Leverkühns sei, wirklich um ›übertragene Autobiographie‹ handele: »Die Implikationen ließen sich nicht recht zu Ende denken.« Soviel aber sei sicher, »daß der Erzähler schwer mittrug an der Schuld des von ihm portraitierten [. . .] ›Freundes‹.«[101]

Wenn Thomas Mann schwer daran trug, so hatte das Übertragen in die Fiktion auch etwas Erleichterndes:

> Dies düstere und radikale Werk mußte einmal geschrieben werden, wenn ich mich ganz darbringen wollte,

sagt er in einem Brief, und er läßt zwei Beispiele folgen für das, was der *Joseph* dann doch nicht enthalte: die Epiphanie des Kindes und »Adrians letztes Lebens- und Sündenbekenntnis«.[102]

In dieser Schlußbeichte, dem Höhepunkt des Romans, den Thomas Mann als sein Testament ansah, gesteht der Schmerzensmann Leverkühn, dem die Zeit abgelaufen ist, die Reihe seiner Sünden. (VI, 659) Seine Zuhörer halten es zuerst für Kunst, für Fiktion. Sehr zu Unrecht:

> es war stiller und bleicher Ernst, war Bekenntnis und Wahrheit, die zu vernehmen ein Mensch in letzter Seelennot seine Mitmenschen zusammengerufen hatte,

die dieser Wahrheit freilich, »als es nicht mehr anging, sie als Poesie zu betrachten«, mit kaltem Grauen begegnen. (VI, 661) Es ist diese »bloßstellende Krudheit des unübertragenen Geständnisses«, die Zeitblom so ängstigt und ihn die schützende Unverbindlichkeit der Kunst hochhalten läßt. (VI, 659)

Bleich wie der Tod sitzt der Beichtende da, und er gesteht den Teufelsbund, den zu schließen »irgendeine Tat« schon genügt hatte; er gesteht, daß er der Bräunlichen gefolgt ist, daß er den Knaben mit Blicken vergiftet hat und daß der Teufel ihm nicht nur die Ehe verbot, sondern auch die Liebe zu dem Mann, dem er das Du gewährte:

> »[. . .] Also zwang Er mich, gerade dies Vorhaben zu brauchen, daß ich kalt den Zutraulichen mordete, und will's gebeichtet haben heut und hier vor euch allen, daß ich vor euch sitze auch noch als ein Mörder.« (VI, 664)

Der Beichte folgt der Zusammenbruch und das Verdämmern nach dem Muster Nietzsches. Davor wagt sich ein letztes Mal die Hoffnung heraus. Unter Mord und Unzucht habe er sein Werk vollendet, und er hoffe nur, daß es, in Schlechtigkeit geschaffen, gut sein könne aus Gnade. Vielleicht rechne Gott es ihm an, daß er es sich habe sauer werden lassen, und halte ihm zugute, daß er »alles zähe fertig gemacht«. (VI, 666) Wer da ausschließlich für sich spricht, wird schon kaum noch verhüllt – denn wer könnte diese Hoffnung hegen? Doch nicht Leverkühn, der durch den Teufelspakt just dieser Sorge enthoben wurde und nicht Vormittag für Vormittag ein Werk in halben Seiten aufeinanderschichten muß, sondern entweder brachliegt wie tot oder in Wellen überwältigender Inspiration, von heiligen Schauern überrieselt, in einer Nacht, in der es nicht dunkel wird vor Blitzen, kaum nachkommt mit der Niederschrift der sich überstürzenden Eingebungen. (VI, 607) Vom Arbeitsethos des zähen Fertigmachens kann bei dieser Art der Kunstschöpfung gerade nicht die Rede sein, das war die Pointe des Pakts, und daß Thomas Mann sie im Finale vergißt, wirft wenn nicht ein Blitz-, so doch ein Kerzenlicht auf den autobiographischen Furor, in dem er alle Kunst-Konzeption fahren läßt, um nur das Eigene ganz darzubringen.

Der *Doktor Faustus* sollte der *Parsifal* sein, nach dem nichts mehr käme; so war es geplant, und alles Spätere schien Thomas Mann nur Nachspiel und Zeitvertreib. Es kam noch der *Erwählte*, das letzte Meisterwerk über das Gewöll von Liebe, Mord und Fleischesnot, der letzte Roman über die ihm »unentbehrliche Idee« der Gnade.[103] Aber auch das Allerspäteste, selbst die letzten Worte, stehen unter dem Bann des alten Motivs. Die letzte Erzählung *Die Betrogene* behandelt es in der Variante der Krankheit, ein Unterleibstumor »mit obligaten Blutungen« – das Beiwort hat alle Berechtigung – tötet die zur Lust erweckte Rosalie. (VIII, 949) Der letzte große Essay *Versuch über Schiller* spricht von der moralisch zerreißenden Idee des »Schicksalszwanges, in der Lüge zu leben«; von dem Ungeheuerlichen, das es für den *Demetrius*-Dichter bedeute, wenn ihn auf dem Gipfel des Erfolgs der Gedanke der Falschheit durchwühle; von dem furchtbaren Gedanken der Täuschung, »mit deren Geheimnis eine Seele, geschieden auf ewig von der Wahrheit, alleine leben und vorwärts gehen muß«.[104]

Der letzte Roman schließlich, der zweite Teil des Hochstapler-Fragments, zelebriert noch einmal die Schlachtung des Opfertiers, die der Begierde das Feuer anfacht. Felix Krull, obwohl »eher blutscheu« und »nicht recht der Mann für volkstümliche Metzeleien« (VII, 646), wird in die Stierkampf-Arena geführt, wo mit dem blanken Stahl zugestoßen und eine »dicke Welle Bluts« in den Sand gespieen werden muß, »unerfreulich zu sehen«, damit der Busen der Herrin in Wallung geraten kann. (VII, 655 f.) Unerfreulich zu sehen, aber unter keinen Umständen zu vermeiden; das ist das Gesetz, dem bis zum Schluß niemand entrinnt. Noch im letzten Satz dieses letzten Romans fällt das Wort, in dem sich alles, die Artistik, die Lust, die Grausamkeit, wie zum Abschied noch einmal in zwei Silben drängt:

> Und hoch, stürmischer als beim iberischen Blutspiel, sah ich unter meinen glühenden Zärtlichkeiten den königlichen Busen wogen. (VII, 661)

– noch im letzten Satz also eines Lebenswerks, in dem ein Zwang darüber zu wachen scheint, daß die Lust nicht wogen kann, ohne daß sich das Blutspiel dazu gesellt.

III.

Credemi

Was sollen wir damit machen? Diese Frage, werden die Leser sagen, hätte der Autor sich stellen können, bevor er sie in zwei Kapiteln erst aufwirft. Eines ist klar: selbst wenn ein deus malignus dafür gesorgt hätte, daß in sämtlichen Zweifelsfällen der Tagebuch-Affaire die jeweils weniger plausibel scheinende Möglichkeit die richtige war, selbst dann bliebe es ein der Erklärung bedürftiges Problem, warum sich diese Motivkette so dicht und schwer durch Thomas Manns Lebenswerk zieht. Geständniszwang scheint hier zu walten, der zähe und am Ende flehentliche Wille, gehört zu werden; Klopfzeichen, wie sie ein Eingeschlossener gibt, der vorsichtig sein muß, weil er sich von Feinden umgeben glaubt. Und man wird den beklemmenden Eindruck nicht los, die Schuld, die hier immer wieder bekannt sein will, sei eine Schuld nicht-hypochondrischer Art.

Was, wenn er wirklich *gemeint* hätte, was er sagt? Wenn man immer als Metapher verstanden hätte, was wörtlich zu verstehen war? Sein Lebensgeheimnis wäre dann auf ähnliche Art versteckt wie Poes *purloined letter*, der vor aller Augen baumelt und dank dieser raffiniertesten aller Tarnungen ungesehen bleibt. Und liegt nicht plötzlich alles in neuem Licht, wenn man für einen Moment das Undenkbare denkt?

Machen wir uns einmal zum Advokaten des Teufels,

der ihm in Palestrina erschien. Wagen wir einmal das Gedankenexperiment: Wenn dieser Autor ein wirkliches Verbrechen begangen hätte und wenn er darüber im Werk hätte Rechenschaft ablegen wollen, dann könnte dieses Werk nicht viel anders aussehen als so, wie es ist. Was hätte er noch mehr tun können? Wie viele Bekenntnisse hätte er noch einschmuggeln, wie oft hätte er noch sagen sollen, es sei alles streng und schonungslos autobiographisch, er rede immer nur von sich und habe sich nie etwas ausgedacht?

Daraus folgt noch lange nicht der Umkehrschluß. Aber bleiben wir für eine Sekunde bei der Annahme, das in der Kunst Gebeichtete beruhe auf einer wirklichen Missetat. Könnte man sie dann einkreisen, diese Tat, der Sache nach und in Raum und Zeit? Wann und wo hätte sie stattgefunden?

Der Mann im *Friedemann* richtet die auflodernde Wut noch gegen sich selbst. Die Erzählung entstand vor der zweiten Italienreise. Der T. M. in *Tobias Mindernickel* hat das nicht zu Erzählende bereits hinter sich. Der Titel »Tobias Mindernickel« taucht zum ersten Mal in einem Brief vom Juli 1897 auf.[105] Vor diesem Zeitpunkt also könnte etwas passiert sein, was er in diesem Werk bearbeitet, in einem ersten Bewältigungsschub, in dem er sich etwas Traumatisierendes noch unbeholfen vom Leibe zu schreiben sucht.[106]

Die Antwort auf die Frage: Bis wann spätestens? wäre also der Frühling 1897. Aber ab wann frühestens? Das ist schwerer zu bestimmen, weil man die Verzögerung schlecht einschätzen kann, mit der die Literarisierung dem Erlebten folgt. Eine Scheidelinie jedoch scheint der zweite Besuch Neapels im November 1896. Am 8. November schreibt Mann an Grautoff von »ermüdenden und strapaziösen Erlebnissen«, in die er sich mit einer bedauerlichen Energie vertieft habe. Diese Erlebnisse, strapaziös, aber offenbar nicht traumatisierend, fanden wohl in München statt, denn sie bestärken ihn in dem Instinkt, sich aus deutschem Wesen »in den fernsten, fremdesten Süden auf- und davonzumachen . . .« Eben dort befindet er sich jetzt und vergleicht das Cäsarenprofil Roms mit der graziösen Pöbelhaftigkeit Neapels, jener schönäugigen Physiognomie, die er seit vier Tagen aufmerksam betrachte: »ihre sinnliche, süße, südliche Schönheit ergreift mich mehr und mehr«.[107] Von diesem sinnlichen Bild kommt er auf das Gift der Geschlechtlichkeit, auf die nicht abzuschüttelnden Händler, die ihm nicht nur Mädchen anböten, und auf das Reisessen, zu dem er beinahe entschlossen sei. Der Ton dieses Briefes ist gemischt, aber nicht düster oder schuldbeschwert.

Nach seiner Rückkehr aus Neapel ändert sich dieser Ton; nicht dramatisch, aber doch spürbar. In seinem nächsten längeren Bericht vom 13. Januar 1897 aus Rom bezeichnet er sich als »gereizt, verdüstert und müde«.[108] Zwei Wochen später spricht er davon, daß er sich mehr und mehr daran gewöhne, sich »im Dunklen zu Hause zu fühlen . . .«, was auch ohne die drei Punkte nicht sehr beruhigend klänge.[109] Im April schreibt er von seinen »verwahrlosten Nerven«, denen er auf alle Weise aufzuhelfen suche; es fällt das Wort vom Augias-Stall seines Gewissens.[110] Vor dem Juni ist er ein weiteres Mal in Rom und Neapel, als Touristenführer des Grafen Vitzthum.[111] Im Juli hat er *Luischen* beendet, die er als eine sonderbare und häßliche Geschichte charakterisiert, »wie sie meiner jetzigen Welt- und Menschenanschauung entspricht«.[112]

Zur gleichen Zeit aber jubiliert er darüber, daß seit dem *Friedemann* »irgendwelche Fesseln« von ihm abgefallen seien.[113] Schon im April sieht er seinem zukünftigen Werk mit Lust und Zuversicht entgegen, und im Sommer entwirft er *Buddenbrooks*. Das Triumphieren der Kunst in dem Moment, in dem es dunkel und gewissensschwer in ihm wird – erinnert das nicht an den Teufelspakt, bei dem erst die sündige Tat zum Durchbruch verhilft?

Thomas Mann hatte seine Begegnung mit dem ungebetenen Besucher im Sommer 1897; eine Vision, wie sie als posttraumatisches Streß-Symptom, wenn man es klinischer will, nicht ungewöhnlich erscheint. Bei Leverkühn ist dieses Trauma die Berührung durch die Hetäre, der er nach Ungarn folgt, als er einundzwanzig ist. Thomas Mann ist einundzwanzig, als er zum zweiten Mal nach Neapel fährt. Im Jahr zuvor hatte er die Stadt schon in Begleitung Heinrichs gestreift. Wäre auch er dort gestreift worden, vom Anhauch der Verführung, der ihn zur zweiten und der brüderlichen Aufsicht entledigten Wiederkehr trieb?[114] Dann hätte er später auch darum auf die Nietzsche-Legende zurückgegriffen und Leverkühn, gestreichelt vom Arm Esmeraldas, erst fliehen, dann aber unterm Zwang des ersten Kontakts nach Jahresfrist wiederkehren lassen; und Serenus Zeitblom spräche für seinen Herrn, wenn er diesen Teil der Erzählung möglichst schonend berichten will, schonend auch für ihn selbst, »den es wie ein schweres persönliches Geständnis ankommt, dies zu überliefern«. (VI, 204)

Leverkühn jedenfalls kehrt an den Ort zurück, wo ihn der nackte Trieb hämisch berührte, und folgt der Verführerin nach Ungarn. Was hätte Ungarn mit Italien zu tun, oder ist »Ungarn« nur Chiffre und Kennwort im homosexuellen Code?[115] Zweimal im *Faustus* gibt es dezente Begegnungen; Ungarn halten sich in dem römischen Salon auf, in dem Adrian verkehrt, und Neapel ist ein Reiseziel der ungarischen Frau von Tolna. (VI, 292, 519) Aus Ungarn ist auch die Liebeslehrerin Felix Krulls, die er in einem Caféhaus trifft, in dem er Punsch trinkt[116] und in dem man Domino spielt (VII, 378); was der Leser des *Lebensabriß* und des *Faustus* als Manns und Leverkühns Abendbeschäftigung während der römischen Winter kennt. (VI, 291; XI, 103)

Zwischen Ungarn und Italien laufen unterirdische Tunnel, offenbar, und als drittes angeschlossen ist Wien. Dorthin verschlägt es Rosza auf ihrem Weg durch die Bordelle (VII, 382), und dort macht der volljährig gewordene Thomas Mann im Juni 1896 Zwischenhalt, bevor er nach Italien weiterfährt. Dreißig Jahre später schreibt er über diesen Kurzbesuch, er habe es damals geschafft, in drei Tagen 200 Goldmark zu verprassen; »obgleich ich«, wie er kopfschüttelnd oder geheimnisvoll hinzufügt, »bloß in dem guten alten Hotel Klomser in der Herrengasse wohnte«. (XI, 399) In der Herrengasse steigt auch Leverkühn ab, nach der Erstaufführung des verhängnisvollen Violinkonzerts, die Thomas Mann in Wien stattfinden läßt. Das Konzert ist die Liebesgabe, zu der sich Adrian von dem zudringlichen Freund hat beibiegen lassen, das platonische Kind, das Schwerdtfeger sich von ihm wünscht. (VI, 399, 467) Von Wien aus fährt er mit dem Freund nicht nach Neapel, aber auf Madame de Tolnas ungarisches Schloß, wo Schwerdtfegers Zudringlichkeit ihr unplatonisches Ziel erreicht. Und damit, in der Logik des Romans, ist der Rachepfeil schon auf die Sehne gelegt.

Er ist hoch vermittelt und indirekt, Leverkühns Racheakt; womit wir, nach dieser lang ausgedehnten Sekunde, zu der Frage zurückkehren, was man über die mögliche Tat der Sache nach spekulieren darf. Daraus, daß das Werk nicht viel anders aussehen könnte, wenn es ein reales Verbrechen bekennen wollte, darf man noch nicht auf die Realität dieses Verbrechens schließen. Hierüber keine Täuschung: wir schwimmen in einem Meer von Unsicherheiten, zwischen Riffen und Schlünden der Über- und Unterschätzung; mit einigen Inselchen erhöhter Plausibilität. Ein solches Fleckchen halbwegs festen Bodens ist die Vermutung, daß es sich bei der traumatisierenden Tat um ein Vergehen auf dem Gebiet der Wollust gehandelt haben muß und daß ein bloßer Prostituiertenbesuch nicht ausreichen würde, um die heiße Schuld und die Blutspur zu erklären. Alles Genauere ist, wie im Falle Swidrigailows, der mehr oder weniger willigen Phantasie des Lesers überlassen.

Diese spekulative Phantasie aber muß sich nicht genötigt sehen, den äußersten Punkt ins Auge zu fassen, den der Biograph Prater unwissentlich markiert, wenn er vom Ende des *Kleiderschrank* bemerkt, es deute einen Sexualmord an.[117] Es wäre zuviel gesagt, daß Thomas Mann keiner Fliege etwas zuleide tun konnte; Bauschan hat er gepeitscht, und daß ihm das Blut früher im Jähzorn hochschießen konnte, verrät eben seine Schilderung der Hunde-Züchtigungen, die erst mit den Jahren gelassener ausfielen.[118] Nach dem Krieg wollte er, ganz verletzter Narzißt, eine Million »ausgemerzt« wissen.[119] Aber man kann ihn sich schlechterdings nicht denken, wie er die Wut in mörderischer Gewalt austobt. Wem das als bloßer Mangel an persönlicher Vorstellungskraft erscheint, der nehme vorlieb mit ein paar dürren Erwägungen. Angenommen, Thomas Mann wäre als von frischer Tat kommender Mörder aus Neapel geflohen, wäre er dann, wie seelenunruhig immer, im nächsten Frühling dorthin zurückgekehrt? Hätte er überhaupt noch ein Jahr in Italien verbracht, wäre etwas Justitiables passiert, hätte er sich nicht schleunigst auf den Heimweg gemacht? Davon abgesehen: es gab keinen ungeklärten Mord in Neapel und Rom in der fraglichen Zeit. Die Archive vermerken – wie auch anders – einige Verletzungsfälle durch Messer im Milieu; was ohne zusätzliche Hinweise ganz ohne Belang bleiben muß.[120] Wäre nicht übrigens der Ausdruck »Wollust und heiße Schuld« eine etwas zu *schwache* Bezeichnung für einen Akt überschäumender, geschweige denn tödlicher Gewalt? Und kann nicht andererseits jemand, der sich als »Liebhaber« sieht, weil er einen scheuen Kuß getauscht hat, auch unter Mord etwas Glimpflicheres verstehen?

»Die Hölle ist für die Reinen« (V, 1548), stellt der Erzähler im *Joseph* fest, und es ist wohl möglich, daß ein Beinahe-Verbrechen oder die nur mittelbare Beteiligung daran ausgereicht hätte, um das Leben dieses empfindsamen Moralisten in das Gefühl der immer neu zu bearbeitenden Schuld zu tauchen. Für diesen Moralisten, der Thomas Mann war, mag ein Verbrechen sein, was für einen stumpfen Klotz nur ein Delikt wäre. Juda, Leverkühn, der Erwählte oder jener Fischersmann fühlen sich schuldig, obwohl sie es nur sehr indirekt sind, nur »handelnd verwickelt«, wie Zeitblom es von Adrian sagt. Christian Buddenbrook ist womöglich nicht einmal verwickelt, sondern nur Zeuge – vielleicht genügt es, dabeigewesen zu sein und nicht eingegriffen zu haben, mitgerissen von dem Taumel, der auch den träumenden Aschenbach erfaßt?

Die nicht geringste Schwierigkeit bei diesen Spekulationen liegt darin, daß wir nicht wissen, ob wir etwas kumulieren, was getrennt zu halten ist. Das Tagebuch spricht von den Geheimnissen im Plural, nicht nur von einem. Niemand sagt uns, daß es nicht eine Reihe von Vorfällen gab. Es gibt die Motivkette der Hunde, der Messer, der Zuhälter, der Vergewaltigung, auch der Impotenz; es gibt die ostentativ guten Gründe, die das Mädchen im *Kleiderschrank* geltend macht und die auf einen Akt der Notwehr deuten, der gerechten Rache oder der hochschießenden Reaktion auf große Demütigung. Im *Doktor Faustus* spaltet es sich in eine heiße und eine kalte Geschichte auf: die heiße der Esmeralda-Begegnung, die das Trauma auslöst, die kalte der indirekten Ermordung des Liebhabers, aus mehr oder weniger guten Gründen; dazwischen die der zwar eingebildeten, aber als seelische Wirklichkeit erlebten Schuld am Tod des geliebten Knaben. Schwierig, wenn nicht unmöglich, durch die Schleier und Masken hindurch zum Lebenskern vorzustoßen. Wenn man es von irgendwoher geflüstert bekäme; wenn ein verläßlicher und solider spirit uns auf der Tischplatte die Botschaft klopfte: in Neapels Stadtpark bei einer Bluttat unter Strichern ist er Zeuge – oder: im malavita-Viertel folgt er einem Mädchen, versagt und braust auf nach ihrem Spott – oder: wird er Opfer einer versuchten Vergewaltigung und rächt sich – oder: sticht er auf den Hund eines Zuhälters ein[121] –, die Belegstellen schössen sofort zusammen. Aber in jedem Fall eben andere, und ein paar blieben immer übrig. Es gibt schließlich, anders als der *Faustus* es will, auch noch freie Noten und dichterischen Überschuß.

Aber ist nicht vielleicht *alles* dichterischer Überschuß? Das wäre die These am anderen Skalenende der Spekulation; eine These, die sich vertreten läßt, wenn auch mit einiger Gewalt. Sie würde sich ungefähr anhören wie folgt. Wir brauchen keine zusätzlichen Annahmen, es genügt zur Erklärung die Trias aus Pose, Topos und Phantasie. Mit diesem Dreizack wäre das Rätsel aufgespießt. Das heilige oder unheilige Verbrecherantlitz – wie viele Literaten haben es damals nicht aufgesetzt! Gerade der Bürgersohn sah sich gern dämonisch umwittert, wie typisch für die Jahrhundertwende und die Ecce-homo-Gestik der Zeit. Als stünde Mann allein mit seinen Kindfrauen, den Lust-Delikten und unaussprechlichen Debauchen – die biedersten literarischen Topoi seiner Generation. Wo kämen wir hin, wenn wir bei jedem Autor, der Blut fließen läßt, persönliche Erfahrung veranschlagten? Dem Verfasser der *Lulu* hätte der sofortige Haftbefehl gedroht. Umgekehrt: gibt es nicht äußerst wirkmächtige Schuld, die nur auf Einbildung beruht? Proust glaubte sich schuldig am Tod seiner Mutter, ein Schuldgefühl, das größte Anteile hatte an der Entstehung seines Werks, auch wenn Madame Proust vielleicht keinen Tag länger gelebt hätte ohne ihren mißratenen Sohn. Eine zwanghafte Vorstellung kann als Quelle genügen für ein ozeanisches Werk. Und das beste Beispiel ist ja der *Faustus* selbst. Es sind doch offensichtlich Rache- und Mordphantasien, die Thomas Mann aus der Ehrenberg-Zeit auf Schwerdtfeger überträgt.[122] Und wurde Paul Ehrenberg nicht trotz des erschossenen Geigers über siebzig Jahre alt? Man unterschätze doch nicht die Einbildungskraft des Schriftstellers, der aus einer Mücke einen Elephanten machen und bei dem nicht nur etwas Wirkliches, sondern auch etwas heftig Vorgestelltes einen Schatten werfen kann, der ein Lebenswerk überdeckt.

Das ist alles schön und gut, aber ganz überzeugt es nicht. Was mit dem *Tobias Mindernickel* beginnt und dann fast sechzig Jahre lang umgewälzt wird, hat nichts mit Pose zu tun. Der noch unbekannte Thomas Mann in Rom denkt nicht an Pose und Ecce-homo-Gebärden, sondern nur daran, mit seinen Erlebnissen – nicht Träumen oder Einbildungen – unter die Leute zu gehen. Der Beiname seines letzten sündigen Helden lautet *Credemi*; er könnte als Portalinschrift über seinem Gesamtwerk stehen. Die literarischen Topoi verwendet er, wo sie ihm zupaß kommen; aber er schreibt immer von sich, der ersten Morderzählung gibt er die Signatur T. M., und so wie er alle Quellen dezent in die eine Richtung lenkt, setzt er autobiographische Erkennungszeichen auch in Zeiten, als das Schändliche nicht mehr literarische Mode war. Für etwas Stilisiertes ist das Motiv nicht nur zu obsessiv, sondern oft auch wieder zu versteckt; wer sich stilisiert, tut es nicht am kaum sichtbaren Rand.

Kann das zu Beichtende auf einer nur phantasierten Tat beruhen? Thomas Mann hat darauf beharrt, nichts erfunden zu haben. Und, Hände auf die Herzen: Ist es glaubwürdig, daß ein Hirngespinst ihn so stark traumatisiert, daß er es den Rest seines Lebens hin und her wenden muß? Es ist unwahrscheinlich, daß die Geheimnisse dieses Lebens sich nur auf Vorgestelltes beziehen, und ebenso unwahrscheinlich, daß Thomas Mann solcher Vorstellungen wegen in der Tagebuch-Affaire den Selbstmord erwägt. »Alle Wirklichkeit hat *tod*ernsten Charakter« (XI, 121), und umgekehrt: die tödlichen Geheimnisse haben Wirklichkeit. Die schwere und tiefe Schuld und die nicht wegzulesende Gewalt- und Geständnismotivik können sich, so sehr sie auch Werk der übersteigernden, böse blühenden Phantasie sein mögen, nicht ausschließlich ihr verdanken – woran soll diese Phantasie sich kristallisieren, wenn nicht an einem Erfahrungskern?

Was dieser Kern genau war – »etwas Reelles mit blutigem Ausgang«, wie Johnny Bishop sagen würde –, wir wissen es nicht. (VIII, 443) Die Wahrheit stand in den frühen Tagebüchern und liegt in deren Asche begraben. Und so müssen wir uns mit der Feststellung begnügen, daß ein großes X bleibt in dieser Biographie; ein Schatten, geworfen von einem realen Phantom; ein unscharfer Fleck auf einem Röntgenbild.

Was wäre er geworden ohne dieses X? »Man muß es nur nötiger haben als andere, dann macht man sich bei der Menschheit einen Namen.« (VII, 246) Die Schuld sorgt für die notwendige Stimulanz dieses Werks, aber darin erschöpft sie sich nicht. Ohne sie wäre Thomas Mann nicht der große Psychologe der Weltliteratur geworden, den die Leserschaft in ihm verehrt. Man kann weitergehen und den scheinbaren Widersinn nicht fürchten: auch zu dem großen Humoristen wäre er nicht geworden. Das Schuldgefühl gibt dem Humor und den Seeleneinblicken die Tiefe, die dem Unschuldigen verschlossen ist. Ohne diesen Untergrund bliebe seine Kunst flach; darin liegt die innere Wahrheit des Teufelspakts.

Es sei sicher gut, heißt es im *Tod in Venedig*, daß die Welt nur das schöne Werk, nicht auch seine Ursprünge kenne; das würde sie nur verwirren, abschrecken und so die Wirkung des Vortrefflichen aufheben. (VIII, 493) Aber ist es in diesem Fall nicht anders – gewinnt sein Werk nicht sogar dadurch? Es hat sich ja kein Pünktchen geändert an ihm. Und doch ist es nicht ganz das alte mehr. Die Beleuchtung wechselt, und was blind schien, schlägt plötzlich die Augen auf. Blut strömt ein in die Lebensmaske des Mannes, dem es ernst war mit dem Platenschen Wunsch, es kenne ihn die Welt, damit sie ihm verzeihe.

ANMERKUNGEN

1 Am 17. März 1933 verfügt Thomas Mann von Lenzerheide aus die Berufung Golos nach München. Für einen Moment kann das seine Befürchtungen dämpfen; als Golo zwei Tage später in München eingetroffen ist, notiert er: »Wegen meiner alten Tagebücher u. Papiere, die anfangs charakteristischer Weise meine Hauptsorgen bildeten, bin ich jetzt ziemlich beruhigt. –« Diese Beruhigung hält nicht lange vor. Am 1. April tröstet er sich, er habe angefangen, sich daran zu gewöhnen, daß er in absehbarer Zeit nicht mehr in das gewohnte Leben zurückkehren werde. Sofort folgt der eine Gedanke: »Im Sinne liegt mir die Herbeischaffung meiner Papiere, alten Tagebücher etc.« Eine Woche später in Lugano hat er wieder schlechtere Nachrichten. »Mit Haussuchung zu rechnen. Neue Beunruhigung wegen meiner alten Tagebücher. Bedürfnis sie in Sicherheit zu bringen.« (7.4.1933) Tags darauf schickt er Golo Brief und Schlüssel.

2 Golo Mann, *Erinnerungen und Gedanken. Eine Jugend in Deutschland*, Frankfurt am Main 1986, S. 522.

3 Erika Mann und auch Peter de Mendelssohn nahmen noch an, jener Hans Holzner habe den Koffer statt zum Bahnhof sofort ins Münchener »Braune Haus« getragen. (Vgl. *Tagebücher 1933-1934*, S. XI) Tatsächlich wurde er offenbar auf die Bahn gebracht und nach Anweisung aus München in der Grenzpolizeistelle Lindau untersucht. Man war aber nur an Verlagsverträgen und anderen steuerlich aufschlußreichen Dokumenten interessiert; die Tagebücher hielt man für Romanentwürfe und belanglos. Vgl. Jürgen Kolbe, *Heller Zauber. Thomas Mann in München 1894-1933*, Berlin 1987, S. 414 f.

4 *Erinnerungen und Gedanken*, S. 522 f.

5 »Daß es freilich alles war, die gesammelten Tagebücher bis 1933, ahnten wir nicht und haben es angesichts der nachgelassenen Pakete erst erfahren.« (Erika Mann, *Thomas Mann: Autobiographisches. – Das letzte Jahr. Bericht über meinen Vater*, Frankfurt am Main 1968, S. 7) In Wahrheit verliefen die Ver-

brennungen in Schüben. Das erste Autodafé gab es 1896. Am 21. Juni 1944 vermerkt Thomas Mann die »Vernichtung alter Tagebücher«. Im Jahr darauf verbrennt er weitere Tagebücher in seinem Gartenofen in Pacific Palisades, beobachtet von Golo. (Vgl. *Tagebücher 1933-1934*, S. XIIf.) Am 15. September 1950 denkt er noch einmal daran, alle Tagebücher zu verbrennen, versiegelt sie dann aber und versieht sie mit einer Sperrfrist von 25 Jahren, die er später auf 20 Jahre herabsenkt. Ab dem 13. Oktober 1950 steht fest, daß die Tagebücher nach seinem Tod der Forschung zugänglich gemacht werden sollen. Vom März 1933 bis zum August 1955 sind sie komplett; der einzige frühere Band, der verschont geblieben ist, weil er dem *Doktor Faustus* als Quelle diente, umfaßt die Jahre 1918-1921.

6 *Autobiographisches*, S. 7f.

7 In der Sprache der Grammatik widerstreiten hier die Prinzipien »Subjektkonstanz« versus »Kontaktstellung«. Wenn es eine literarische Form gibt, in der die Kontaktstellung zu ihrem Recht kommen wird, dann ist es zweifellos die des Tagebuchs. Es hat, davon abgesehen, etwas Koboldhaftes, wie gerade wichtige Passagen einem Zwang zur Zweideutigkeit unterworfen scheinen – vielleicht zeigen sie auch nur, wie schwer es überhaupt ist, jemanden richtig zu verstehen. Darum aber, ums richtige Verständnis, soll es in den folgenden Überlegungen gehen.

8 *Erinnerungen und Gedanken*, S. 523.

9 Thomas Mann war zu Beginn des Exils schweren depressiven Anfällen ausgeliefert. Zwei Beispiele nur aus dem Anfang und dem Ende dieses verdunkelten Jahres: »Schreckliche Excitation, Ratlosigkeit, Muskelzittern, fast Schüttelfrost u. Furcht, die vernünftige Besinnung zu verlieren.« (18.3.1933) »Quälende, tief niedergedrückte und hoffnungslose Zustände, schwer zu ertragen, eine Art seelischer Wurzelhautentzündung, kommen, nach Aufhellungen, immer wieder.« (4.11.1933)

10 Vgl. Tb. vom 25.7. und vom 17.10.1920. Dort folgt der Bemerkung: »Starker Eindruck von seinem vormännlichen, glänzenden Körper, Erschütterung« eine der herausgeber-

typischen Klammern mit drei Punkten; eine schonende Dezenz, zu der sich die potentiellen Tagebuchfledderer gewiß nicht verstanden hätten.

11 Ob die Tagebücher aus dieser frühen Zeit noch erhalten waren, wissen wir allerdings nicht. Golo Mann spricht nur von den Aufzeichnungen der zwanziger Jahre, vgl. *Erinnerungen und Gedanken*, S. 523; die »Anzahl von Wachstuchheften«, die zusammen mit anderem Material in einen Handkoffer gepaßt hat, kann aber auch die rund dreißig Hefte umfassen, die genügt haben werden, um das ganze Jahrhundert abzudecken (wenn man den Durchschnitt der Jahre 1918-1921 zugrunde legt – knapp vier Jahre in vier dicken Heften). In späteren Aufzeichnungen mag Thomas Mann auf das Frühere zurückgeblickt haben, so daß es, was das Inkriminierende betrifft, keinen großen Unterschied macht.

12 Um den Terminus zu gebrauchen, den Thomas Mann verwendete: »Es unterliegt für mich selbst keinem Zweifel, daß ›auch‹ die ›Betrachtungen‹ ein Ausdruck meiner sexuellen Invertiertheit sind.« (17.9.1919)

13 Ein älteres und ein jüngstes Beispiel. Etwas verklausuliert die Deutung Jürgen Kolbes: »Niemand sollte je die ›Geheimnisse‹ des ›Mondgestirns‹ ausbeuten und die verschwiegenen Nöte und Freuden seiner ›Mondgrammatik‹ geil auf den Markt tragen können. In den Händen der Nazis wären diese Aufzeichnungen eine tödliche Waffe gewesen.« (*Heller Zauber,* S. 414) Ähnlich jüngst Martin Meyer: »Was es denn gewesen wäre, könnte durch ergänzende Vermutungen in Rücksicht auf jene sporadischen Andeutungen wohl erschlossen werden, die Thomas Mann über seine restliche Lebenszeit im Journal bei Gelegenheit ausstreute: Politisches einerseits im Hin und Her von Zustimmung und Ablehnung dessen, was sich an ›Bewegung‹ in Deutschland seit den zwanziger Jahren anbahnte. Und andererseits der homoerotische Trieb – der der Selbstzensur des Chronisten seit dem Jahr 1933 wohl nur deshalb nicht unterlag, weil es an realen Abenteuern nichts zu melden gab: fortan mußten scheue, auch einmal direktere Blicke auf das Unerreichbare genügen; oder es war, durch Erinnerungen an-

gestoßen, die Nostalgie auf all das zu skizzieren, was der Handkoffer an Erlebnissen mitgetragen hätte.« (*Tagebuch und spätes Leid. Über Thomas Mann*, München, Wien 1999, S. 20 f.) Die These, daß politische Schwankungen der Grund der Befürchtungen sein könnten, schwächt Meyer im folgenden selbst: »Ohnehin hätte es keiner allzu eifrigen Phantasie bedurft, diese Tagebücher ihrer geistigen Richtung nach zu ›rekonstruieren‹: wenn doch die ›Betrachtungen eines Unpolitischen‹ vorlagen, in denen für jedermann klar zutage tritt, wofür – vielleicht eher: wogegen – ihr Verfasser sich damals engagierte.« (Ebda., S. 101) Genau das ist es: es stand schon alles in den *Betrachtungen*. Und auch wenn Thomas Mann angesichts der strammen SA-Kolonnen mit ihrem offen männerbündlerischen Charakter sich einer widerwilligen Faszination nicht hätte entziehen können, wären solche ans Licht gebrachten Schwankungen, wiewohl äußerst unangenehm, kaum Grund genug für ihn gewesen, gleich den Selbstmord ins Auge zu fassen. In dem zähen und unbedingten Willen, alt zu werden, um ein Spätwerk zu hinterlassen, unterschied sich Thomas Mann nicht von Gustav Aschenbach. Vor allem sind solche Schwankungen nichts, worauf das Wort »Lebensgeheimnis« paßt.

14 Vgl. *Notizbücher 7-14*, hg. von Hans Wysling und Yvonne Schmidlin, Frankfurt am Main 1992, S. 112.

15 Hermann Kurzke, *Thomas Mann. Das Leben als Kunstwerk*, München 1999, S. 517. Vgl. auch Klaus Harpprecht: »Hatte er sich trotz all seiner hochmütig-strengen Vorsätze – in Venedig, vielleicht auch in Neapel – das eine oder andere hübsche Knäblein verkaufen lassen? So mag es gewesen sein.« (*Thomas Mann. Eine Biographie*, Reinbek bei Hamburg 1995, S. 91)

16 Thomas Mann, *Briefe an Otto Grautoff 1894-1901 und Ida Boy-Ed 1903-1928*, hg. von Peter de Mendelssohn, Frankfurt am Main 1975, S. 81.

17 Vgl. die wichtige Studie von Karl Werner Böhm, *Zwischen Selbstzucht und Verlangen. Thomas Mann und das Stigma Homosexualität*, Würzburg 1991, S. 380 und pass.

18 Vgl. *Briefe Grautoff*, S. 30.

19 Zitiert wird nach der dreizehnbändigen Ausgabe *Gesammelte Werke*, Frankfurt am Main 1974.

20 Heinrich Deterings Studie über dichterische Camouflage *Das offene Geheimnis. Zur literarischen Produktivität eines Tabus von Winckelmann bis zu Thomas Mann* (Göttingen 1994) nimmt darum den *Tod in Venedig* nicht mehr auf: er steht jenseits der Grenze, in ihm wird nicht mehr camoufliert.

21 Pardon für das »plump« – es ist Thomas Mann selbst, der so spricht, anläßlich Richard Wagners, der in dramatischer Lyrik durch den Mund Siegmunds rede. (IX, 409)

22 Weber war Lehrer in der Freien Schulgemeinde Wickersdorf, Poet und bekennender Homosexueller. Vgl. Hans Wisskirchen, »Republikanischer Eros. Zu Walt Whitmans und Hans Blühers Rolle in der politischen Publizistik Thomas Manns«, in: *»Heimsuchung und süßes Gift«. Erotik und Poetik bei Thomas Mann*, hg. von Gerhard Härle, Frankfurt am Main 1992, S. 24.

23 Vgl. *Thomas Mann. Briefe I, 1889-1936*, hg. von Erika Mann, Frankfurt am Main 1979, S. 176 f.

24 Vgl. *Die Briefe Thomas Manns. Regesten und Register*, Band I, Frankfurt am Main 1987, S. 293 (20/72).

25 Vgl. vor allem Wisskirchen, »Republikanischer Eros«, S. 17-40.

26 Vgl. ebda., S. 27-31. Die Vorfälle, auf die Thomas Mann in seiner Rede anspielt, sind die Attentate auf Erzberger 1921 und auf Rathenau im Jahr darauf, Morde, die von monarchistischen Geheimbünden geplant und ausgeführt worden waren. Wisskirchen vermutet, daß der Münchener Thomas Mann zusätzliche Kenntnisse über den homosexuellen Charakter dieser Männerbünde hatte.

27 So Hans Mayers Kommentar zu Manns Liaison mit Klaus Heuser. Vgl. *Heller Zauber*, S. 15.

28 In den homosexuellen Kreisen der Bewegung bestanden zu Anfang große Hoffnungen auf Liberalisierung, die mit der Ermordung Röhms um so bitterer enttäuscht wurden. Vgl. Hans Blüher, »Die Gründung des 3. Reiches«, Nachwort zu Pierre Klossowski, *Die aufgehobene Berufung*, München 1997.

Das bedeutet andererseits, daß Hitler im April 1933, als er sich der Röhmschen S.A. noch versichert halten mußte, kaum eine große Kampagne gegen Homosexuelle angeordnet haben würde.

29 Rückblicke auf die Krise sind durchaus vorgekommen. Vor der Fahrt von Sanary nach Zürich packt Thomas Mann »Kisten und mehrere Koffer, darunter mein schwarzer Handkoffer mit den Tagebüchern und Papieren, um den ich so große Sorge ausgestanden.« (21.9.1933) »Räumte gestern den Handkoffer aus, der mir soviel Sorge gemacht [. . .].« (23.1.1934)

30 So im Brief an Kurt Martens vom 28.3.1906, in dem er dazu Stellung nimmt, daß Martens ihn als »Asketen« charakterisiert. (*Briefe I,* S. 64)

31 Ein »archaisches Schuld- und Abweichungsbewußtsein« sieht Gerhard Härle am Werk. (»Simulationen der Wahrheit«, in: *»Heimsuchung und süßes Gift«*, S. 75) Im Vorwort zu dieser Sammlung führt Härle aus: »das erotische Begehren bedeutet im Wertekosmos dieses Dichters nicht einfach Lustgewinn und Abenteuer, sondern es wirkt als Ursache eines Schuldbewußtseins«, einer »Schuld – nie vollends niederdrückend, aber auch nie ganz gesühnt«, die sich als Stimulans des ganzen Werks erweise. (Ebda, S. 8) Mit der stimulierenden Schuld ist etwas entscheidend Wichtiges gesehen, daß aber die Homoerotik der »Fixpunkt des produktiven Schuldbewußtseins« sei (ebda., S. 9), soll im folgenden bezweifelt werden. Die Lehrauffassung hat viel für sich, sie ist plausibel, aber nicht ganz. Ein kleines entscheidendes Etwas läßt sie unbeleuchtet; ein Mond, der immer wieder aufgeht, sich aber nie ganz zum Vollmond rundet.

32 So sah es schon der junge Thomas Mann. Auf die Selbstanklagen Grautoffs, der seine Homosexualität durch Hypnosebehandlung und Besuche bei dem Arzt Albert Moll kurieren lassen will, antwortet er, das scheußliche Gewinsel falle ihm auf die Nerven und empöre seinen »schlichten und trotzigen Stolz, welcher weiß, daß die ganze Welt unschuldig und sieben mal unschuldig vor der Notwendigkeit dasteht«. Warum

sollte er Grautoff plötzlich mit den Augen eines Landpfarrers ansehen? »Du bist für mich ein Mensch, der sehr, sehr gut über das Unglück Bescheid weiß, und der ein gutes Stück in die mystische, traurige und interessante Niederträchtigkeit des Siebentagewerks hineingesehen hat – und weiter nichts. Ich wüßte nicht, aus welchem Instinkte mir ›Abscheu und Ekel‹ vor Dir erwachsen sollte. [. . .] Du bist *unschuldig!*« (Brief vom 6.4.1897, in: *Briefe Grautoff*, S. 88 f.)

33 »Woran leide ich? An der Geschlechtlichkeit. . . wird sie mich denn zu Grunde richten? [. . .] Wie ich sie hasse, diese Geschlechtlichkeit, die alles Schöne als ihre Folge und Wirkung für sich in Anspruch nimmt! Ach, sie ist das Gift, das in aller Schönheit lauert!« (*Briefe Grautoff*, S. 80)

34 Brief an Klaus und Erika Mann vom 19.10.1927, vgl. *Erika Mann. Briefe und Antworten I, 1922-1950*, hg. von Anna Zanco Prestel, München 1984, S. 17 f. Der hier verwendete Begriff von »sündigen« ist genau der, welcher es nicht mehr ernst damit meint, wie Thomas Mann es in seinem berühmten Entschuldigungsbrief an Gerhart Hauptmann erklärt. (Vgl. *Briefe I,* S. 234) Was Klaus Heuser betrifft, so ändert sich nichts an der Offenheit, mit der die Familie über ihn scherzt. Weil er unverheiratet geblieben war, spottet Erika 1954 über ihn: »Da er den Z. [den Zauberer, T.M.] nicht haben konnte, hat ers lieber ganz gelassen.« (29.8.1954) »Wie entspannt der Ton geworden ist!« bemerkt zu Recht Hermann Kurzke (*Das Leben als Kunstwerk*, S. 384), aber entspannt sein konnte er auch schon ein Vierteljahrhundert zuvor.

35 »Seine Bemerkungen über Adrians Charakter. Anachronismus der Studentengespräche. Der homosexuelle Untergrund, meist unfaßbar.« (3.1.1946)

36 Aus einem Brief an Kuno Fiedler vom 22.11.1954 (abgedruckt im Anhang der *Tagebücher 1953-1955*, hg. von Inge Jens, Frankfurt am Main 1995, S. 697). Sieben Jahre zuvor hatte Thomas Mann mit Fiedler, der eine mißlaunige Kritik des *Doktor Faustus* geschrieben hatte und sich in Zeitblom portraitiert sah, noch streng gerechtet. (Vgl. *Thomas Mann. Selbstkommentare: »Doktor Faustus« und »Die Entstehung des*

Doktor Faustus«, hg. von Hans Wysling unter Mitwirkung von Marianne Eich-Fischer, Frankfurt am Main 1992, S. 196f.) Um so erstaunlicher die Vertraulichkeit in dem späten Brief.

37 Vgl. *Schuld und Segen im Werk Thomas Manns*, Festvortrag, gehalten am 6. Juni 1975, Lübeck 1975.

38 *Meine Zeit*, in: *Thomas Mann. Essays,* Band VI, hg. von Hermann Kurzke und Stephan Stachorski, Frankfurt am Main 1977, S. 160.

39 Brief vom 12. Dezember 1838; mit Dank für den Hinweis an Henning Ritter.

40 Reinhard Baumgart, »Der erotische Schriftsteller«, in: *Thomas Mann und München*, Frankfurt am Main 1989, S. 20.

41 Hans Wollschläger, *Wiedersehen mit Dr. F. Beim Lesen in Letzter Zeit*, Göttingen 1997, S. 22.

42 *Briefe Grautoff*, S. 90.

43 Ebda., S. 106f. Die Verse sind Teil des Platen-Schlusses, den er als Motto für *Buddenbrooks* erwägt. Das »Grauen« greift er auf in dem eigenen Gedicht *Nur Eins*: »Wir, denen Gott den trüben Sinn gegeben / Und alle Tiefen wies, wo Scham und Graun« (ebda., S. 109).

44 Brief an Heinrich Mann vom 13.2.1901, vgl. *Thomas Mann – Heinrich Mann. Briefwechsel 1900-1949*, hg. von Hans Wysling, Frankfurt am Main 1984, S. 18f.

45 Ebda., S. 54. Vollständig entkommt man der Zweideutigkeit übrigens auch hier nicht, denn zumindest theoretisch gibt es auch die Lesart, daß er Schlimmeres zu vergessen habe, das ihm angetan wurde. Logisch entwickelt wäre es dann aber nicht, und der viel wahrscheinlichere Sinn ist das Gegenteil.

46 Brief vom 15.7.1906 an Samuel Fischer, vgl. *Thomas Mann. Briefe III, 1948-1955,* hg. von Erika Mann, Frankfurt am Main 1979, S. 451.

47 *Dostojewski – mit Maßen*, in: *Essays VI*, S. 18.

48 Vgl. *Briefe I*, S. 45. In der *Entstehung des Doktor Faustus* spricht Thomas Mann von der Künstler-Unmenschlichkeit und der »Tönung der Existenz durch dieses Schuldbewußtsein«. (XI, 265)

49 Vgl. Maar, *Geister und Kunst*, Frankfurt am Main 1997,

S. 200 ff. und pass., sowie Martin Meyer: »Daß Katja in und mit seinem Schicksal völlig aufgeht, gilt ihm als selbstverständlich. Aber mittlerweile soll auch Erika zu einer Art von Tochterverbrennung – und noch zu ihrem eigenen Vorteil – ausersehen sein. Man muß es so hart formulieren, denn er tut es selbst. Einer der ungeheuerlichsten Sätze des Journals und gleichzeitig eines der letzten Notate in Kalifornien reflektiert, was bloß als ›Besorgnis‹ deklariert wird. [. . .] ›K.'s Leiden unter E.. Meine Dankbarkeit für sie u. meine Besorgnis ihretwegen, die leicht ihrem Bruder folgen könnte.‹ Und dann, in der unverhüllten Fassung des Todeswunsches, diese acht Wörter: ›Gewiß will sie nicht länger leben, als wir.‹« (*Tagebuch und spätes Leid,* S. 79)

50 *Dostojewski – mit Maßen*, S. 18.

51 Brief an Ida Boy-Ed vom 19. 8. 1904, vgl. *Briefe Grautoff,* S. 149 f. Im selben Jahr schreibt er an Heinrich: »Im ›Tag‹ ist ein längerer Essay von mir erschienen, angeblich über Gabriele Reuter, aber sehr allgemein und persönlich gehalten.« (*Briefwechsel*, S. 48) Dieses »Angeblich über« steht unsichtbar in den Titeln aller seiner Essays.

52 Vgl. *Dostojewski – mit Maßen*, S. 19 f.

53 Dem Verleger Paul Stegemann schreibt Thomas Mann am 18. 8. 1920: »Große Moralisten waren meistens auch große Sünder. Von Dostojewski sagt man, daß er ein Kinderschänder gewesen sei.« (X, 589)

54 Woher überhaupt die Versuchung rühre, Dostojewski den Verbrechern zuzurechnen, fragt Sigmund Freud in *Dostojewski und die Vatertötung*. »Antwort: Es ist die Stoffwahl des Dichters, die gewalttätige, mörderische, eigensüchtige Charaktere vor allen anderen auszeichnet, was auf die Existenz solcher Neigungen in seinem Inneren hindeutet, ferner einiges Tatsächliche aus seinem Leben, wie seine Spielsucht, vielleicht der sexuelle Mißbrauch eines unreifen Mädchens (Geständnis).« Die Fußnote, die Freud hinter »Geständnis« setzt, verweist unter anderem auf Stefan Zweigs *Drei Meister*, erschienen 1920, worin die Frage behandelt wird, wie weit Dostojewski die juristische Grenze überschritten habe und »wie-

viel von den verbrecherischen Instinkten seiner Helden in ihm selbst zur Tat geworden ist«. Auch vom Sado-Masochismus, den Freud bei Dostojewski unterstellt, der sexuell-neurotischen Genese der Epilepsie und der latenten Homosexualität konnte Thomas Mann in dieser Schrift lesen. (*Gesammelte Werke*, Band XIV, Frankfurt am Main 1999, S. 400f., als Vorwort 1928 gedruckt, in den Gesammelten Schriften 1934.) Vgl. auch den Kommentar in *Essays VI*.

55 Theoretisch gibt es keinen Weg von hier nach dort, vom Hier des Lebens ins Dort der sprachlichen Fiktion. Selbst wenn er es will, selbst in der Autobiographie, kann der Autor diese Kluft nicht überbrücken und sich nicht vom ungeordneten Hier ins planvoll verschriftlichte Dort übersetzen. Das Ich des Autors hat immer, er wolle es oder nicht, einen anderen Status als eine literarische Figur. Was im Schreiben als Ich emaniert, ist das *autre moi*, das Marcel Proust scharf von dem mit all seinen Lastern und Eitelkeiten behängten empirischen Autor abtrennt, von dem Sainte-Beuve zu Unrecht meinte, er müsse nur oft genug mit ihm diniert haben, um sich ein Bild seiner Literatur machen zu können.

Eine mögliche Folgerung wäre, Rückschlüsse von der Fiktion aufs Erlebte prinzipiell zu verbieten. Der Preis für dieses Verbot ist jedoch nicht gering. Nicht nur widerspricht es jeder Leseerfahrung, jeder Intuition und dem common sense, den sich die Theoretiker des Verbots mit derselben Strenge vom Leibe halten, mit der sie seine Übertretung als Biographismus abtun. Das große Verbot deckt auch einen Ameisenhaufen kleiner interessanter Unterschiede zu. Und es ändert nichts daran, daß es Fälle gibt, in denen Autoren mit verschiedenen Kniffs versuchen, die Kluft zu überspielen. Es ist nicht *Sainte-Beuvisme*, wenn man diese Versuche nicht ignoriert. Im Gegenteil wäre es philologisch zweifelhaft, sich künstlich blind zu machen für die Winke, mit denen ein Autor den Leser vom Dort der Fiktion ins Hier des Lebens zurücklocken will; ein Autor, der selbstredend, wenn es ihm zu nahe kommt, auch wieder nicht zögern wird, alles über den Graben zurück ins Reich der Fiktion zu stoßen.

56 Vgl. Tb. vom 27.4.1951. Vielleicht hätte es sich dabei um politische Satire handeln sollen, um die fingierte Beichte eines fellow-travellers im Stil der von den Sowjets erzwungenen Bekenntnisse, und nicht um Memoiren aus einem Kellerloch; aber Sicheres kann darüber nicht gesagt werden.

57 »Ich sage, daß Tolstoi's Werk mindestens ebenso streng autobiographisch ist, wie mein winziges.« (Vgl. *Briefe I*, S. 62) Martin Meyer referiert aus den Tagebüchern Thomas Manns den erstaunlichen Passus, den er im Lauf seiner Studie viermal abwandelt: »Alles, was nach der Novelle von *Tonio Kröger* kam, habe mit seiner eigenen Befindlichkeit im Grunde nichts zu tun gehabt.« (*Tagebuch und spätes Leid*, S. 17) So faustdick sollte er im Tagebuch gelogen haben? Aber wenn man nachliest, findet man, daß Thomas Mann gerade das Gegenteil sagt. Der Satz fällt in einer Aufzählung der Ahnungslosigkeiten, die Agnes E. Meyer zum besten gegeben habe, Manns ungeliebte amerikanische Gönnerin, die zur Zeit des Eintrags ein Buch über ihn plant und Vorbild für die Hauptfigur der »Thamar«-Novelle im *Joseph* war. »Lunch mit ihr. Verfänglichkeiten mit Verständnislosigkeit begegnet. Die Novelle: großer Eindruck. Psychologismen über mich zu ihrem Buch. Ahnungslosigkeiten wie meine völlige Verhältnislosigkeit zu Menschen, die Unbeeinflußtheit meines Schreibens von Emotionen, wenigstens seit dem Tonio Kröger.« (4.6.1942)

58 Vgl. *Briefe Grautoff*, S. 90.

59 Zu Begriff und Technik der literarischen Camouflage vgl. Detering, *Das offene Geheimnis*.

60 Vgl. Maar, *Geister und Kunst*, S. 322 f. Was darf man von Rumpelstilzchen nicht wissen, was ist das nicht bezweifelbare Merkmal der Identität? Und was bedeutet es, wenn Goethe im *West-östlichen Divan* der »Morgenröthe« den reimverweigernden »Hatem« folgen läßt, wenn der Held bei Kafka K., bei Hermann Hesse »Harry Haller«, bei Marcel Proust einmal Marcel und bei Paul Thomas Mann »Paolo Hoffmann« heißt – außer, daß letzterer in seiner Namenswahl nicht immer der Geschmackssicherste war? Ganz gewiß bedeutet es in jedem Fall etwas anderes, in allen Fällen aber bedeutet es, daß

man eine Information verpaßt, wenn man sich nur auf der einen Seite der Kluft bewegt. Gerade bei Thomas Mann wird man immer wieder das Spiel mit seinem Namen als einen Kniff entdecken, die Kluft zu überwinden, als Camouflage-Signal und Zeichen dafür, daß es ihm um sein empirisches unbezweifelbares Thomas Mann-Ich geht. Es ist ein schwaches Kohlekreuz, das er den autobiographisch gedachten Figuren auf die Stirn malt. Die Komponisten von Bach bis Schostakowitsch sind ganz ähnlich verfahren.

61 Die Häufung der Szenen, in denen ein Außenseiter gedemütigt wird – Dedner nennt sie die »Verlachszenen« –, ist der Thomas Mann-Philologie nicht verborgen geblieben. Vgl. Burghard Dedner, »Entwürdigung. Die Angst vor dem Gelächter in Thomas Manns Werk«, in: *»Heimsuchung und süßes Gift«*, S. 87-102.

62 Vgl. Hans Rudolf Vaget, *Thomas Mann. Kommentar zu sämtlichen Erzählungen,* München 1984, S. 71. Der zwischen Befremdung und Bewunderung schwankende Rezensent war der Heinrich Mann-Freund Ludwig Ewers, Tommys »berühmter Feind« (vgl. *Briefe Grautoff*, S. 90), der sich selbst, wie aus einem Brief Heinrichs hervorgeht, für einen »Urning« hielt und der über die pubertären Nöte Thomas Manns orientiert gewesen zu sein scheint. An Ewers schrieb Heinrich, bei Tomy [sic] werde eine Schlafkur mit einem nicht zu angefressenen Mädel schon alles kurieren. Vgl. Harpprecht, *Thomas Mann*, S. 95 f.

63 Zu den Subtexten dieser Verkaufsszene vgl. Detering, *Das offene Geheimnis*, S. 163-165.

64 Vgl. *Dostojewski – mit Maßen*, S. 16 ff.

65 Reinhard Baumgart kommentiert diesen Schluß: »Ein Satz, so hold im Ton wie düster als Aktion, kraß deutlich und vollkommen hinterhältig. Denn wer, Frau oder Mann, wird hier abgestochen und aus was für ›guten Gründen‹, und sollte die Betonung des fairen Zustoßens ›oberhalb des Gürtels‹ nicht unüberhörbar andeuten, daß die Zone unterhalb das Messer eher anlockte? Die guten, schlimmen Gründe jedenfalls werden, als verstünden sie sich von selbst, nicht ausgesprochen

[. . .].« (*Selbstvergessenheit. Drei Wege zum Werk: Thomas Mann, Franz Kafka, Bertolt Brecht*, Frankfurt am Main 1993, S. 50) Die guten Gründe werden auch in Andersens *Geschichte aus den Dünen* nicht aufgeführt, die als Quelle für den *Kleiderschrank* in Frage kommt. Vgl. Maar, *Geister und Kunst*, S. 50 ff.

66 Nachwort der Frankfurter Ausgabe *Frühe Erzählungen*, hg. von Peter de Mendelssohn, Frankfurt am Main 1981, S. 670. Nicht nur in Manns Novellenplänen kehren die Messer wieder, sie dringen auch in die Welt seiner Träume. Im siebten Notizbuch hält der Jungverlobte einen »Morgentraum von Katja« fest: »Als ich mein Medikament gefordert hatte, fiel irgendwie zwischen uns das Wort ›Eifersucht‹, und ich sagte: ›Laß sie mir eifersüchtig sein! Je eifersüchtiger sie sind, desto besser!‹ Da nahm sie ein Küchenmesser vom Tisch und drohte mir damit, offenbar im Ernst.« (*Notizbücher 7-14*, S. 103. Der Traum datiert von 1904.)

67 Vgl. Hans Wysling im *Thomas-Mann-Handbuch*, hg. von Helmut Koopmann, Stuttgart 1990, S. 368 ff.

68 Der alte Thomas Mann hat von dieser Nachmittagsstunde in Palestrina, in der er den Teufel persönlich auf dem Sofa sitzen sah, dieser ihn unerhört bedrückenden Vision, dem Bühnenbildner, Dichter und Maler Fabius von Gugel erzählt, als dieser gerade vor einem langen Rom-Aufenthalt stand. Von ihm kam es über Mendelssohn auf die Nachwelt. Vgl. *Der Zauberer. Das Leben des deutschen Schriftstellers Thomas Mann. Erster Teil 1875-1918,* Frankfurt am Main 1975, S. 292 ff.

69 Vgl. *Geister und Kunst*, S. 108-116.

70 Vgl. *Regesten und Register*, S. 49 (03/3).

71 Das »üppigere Reifen« seiner Kunst versprach sich auch Thomas Mann, der Grautoff vor seiner Abreise in den Süden schrieb, er wolle kein Künstler sein, wenn er in Italien »nicht mindestens ein Dutzend Novellen concipiere«. (Vgl. *Briefe Grautoff*, S. 59) Das »Blut der Mutter«, das ihn dorthin zieht, ist eines der vielen autobiographischen Signale in dieser Novelle: Thomas Manns in Brasilien geborene Mutter Julia Bruhns hatte »Neigungen zum ›Süden‹, zur Kunst, ja zur Bohème«, Neigungen, die der Sohn zusammen mit der Musika-

lität und der Lust zu fabulieren nach Goetheschem Muster von ihr geerbt zu haben glaubte. (Vgl. *Thomas Mann – Agnes E. Meyer. Briefwechsel 1937-1955*, Frankfurt am Main 1992, S. 162f.)

72 So sieht es Kurzke, der zu dieser Stelle schreibt: »Aber das hat Thomas Mann sich nur so ausgedacht. Keine Spur davon überliefern die Briefe an seinen Freund.« (*Das Leben als Kunstwerk*, S. 76) Davon abgesehen, daß es nicht ganz stimmt, denn Spuren überliefern sie durchaus: Erwartet er, daß Thomas Mann das Geheimste in Briefen mitteilt? Kurzke vermißt die dichterische Konkretisierung jenes Abstiegs und schließt daraus, daß man Thomas Mann diesmal nicht beim Wort nehmen müsse. Das vorliegende Kapitel gelte als Kommentar zu diesem Schluß.

73 Der Stoff der Erzählung stammt aus dem Notizenmaterial zu *Maja,* dem Münchener Gesellschaftsroman, den Thomas Mann nach *Buddenbrooks* geplant, aber nie verwirklicht hat und aus dem er sich noch für den *Faustus* bedient.

74 Vgl. Bruno Frank, *Politische Novelle*, Berlin 1928, S. 147-180.

75 Vgl. *Thomas Mann. Aufsätze, Reden, Essays. Band II: 1914-1918*, hg. von Harry Matter, Berlin und Weimar 1983, S. 12, 14. In der dreizehnbändigen Werkausgabe fehlt die Hervorhebung der »Blutzeugenschaft«, die Matter nach dem Erstdruck übernimmt.

76 Vgl. *Thomas Mann an Ernst Bertram, Briefe aus den Jahren 1910-1955*, hg. von Inge Jens, Pfullingen 1960, S. 156.

77 Vgl. *Geister und Kunst*, S. 322.

78 Vgl. Freud, *Der Mann Moses und die monotheistische Religion,* in: *Gesammelte Werke*, Band XVI, S. 240. Thomas Mann beginnt mit der *Moses*-Lektüre laut Tagebuch am 13.5.1939.

79 Von Erikas Anregung abgesehen, greift Thomas Mann mit dem Pistolenmord zurück – oder voraus – auf die Geschichte des Trambahnmords, die er in *Maja* erzählen wollte und im *Faustus* zur Hauptintrige machen wird. Vgl. auch Anm. 122

80 Vgl. *Briefe I*, S. 299f.

81 Vgl. II, 682, 636, 654, 655f., 763.

82 Wie Thomas Mann über oder unter diesen Typus noch die

literarische Folie des Andersenschen Räubermädchens legt, wird untersucht in *Geister und Kunst*, S. 174 f. Dort auch die Gegenüberstellung Roszas mit Leverkühns Hetäre Esmeralda.

83 »Da wir nun aber Verlangen trugen, uns ganz zu erkennen, schritten wir gleich zum Werk, und ich verweilte bei ihr bis zum anderen Morgen.« (VII, 381 f.)

84 In der Kutsche haben sie, bevor sie zu diesem Werk schreiten, ein offenbar obszönes Gespräch, »das einzuschalten ich Anstand nehme, da ich billig genug denke, um einzusehen, daß seine Freiheit sich der gesellig mitteilenden Feder versagt.« (VII, 380)

85 Man wird dabei vor allem an das Krokodil denken müssen, das sich langsam am Schenkel des Gefesselten hochfrißt.

86 Vgl. *Selbstkommentare*, S. 218.

87 »Es gibt keine Kunst, keine Kultur, gibt nicht eine einzige wirkliche Tat (Aktion), zu deren Hervorbringung nicht *alle* Kräfte des Lebens, die guten wie die bösen, sich vereinigt hätten.« (X, 609) Das ist, wie der Kommentar des *Joseph*-Erzählers, ganz gegen die Meinung Schopenhauers, dem der Wunsch, das Geschehen der Welt möchte friedlich unterbleiben, keineswegs fremd war. Zur Rechtfertigung schuldhafter Taten eignete sich der andere Gewährsmann besser, der schon Aschenbachs Traum dirigiert, in dem der Geist des Apollinischen vor Dionysos zuschanden geht. Hatte nicht Nietzsche gesagt, daß die furchtbaren und als unmenschlich geltenden Befähigungen der Boden seien, auf dem allein alle Humanität, in Regungen, Taten und Werken hervorwachsen könne? So ähnlich mag er es gesagt haben, und so jedenfalls referiert ihn Thomas Mann 1921 in der hymnischen Besprechung des Ungar-Romans *Knaben und Mörder.*

88 Vgl. Paul Scherrer, Hans Wysling, *Quellenkritische Studien zum Werk Thomas Manns,* Bern und München 1976, S. 258-292. Ganze Truhen von Anregungs- und Quellenschriften werden bei diesem archivalischen Gewühle untersucht. Die Geschichte Hanegiffs taucht nicht dabei auf. Wysling zitiert an einer Stelle, wie Thomas Mann sich bei Freud über die

»kulturell hoch produktive Krankheitswelt von Inzestangst, Mördergewissensnot und Erlösungsdrang« (X, 260) aufgeklärt habe (S. 284). Zum mittleren Glied dieser Trias aber findet sich in seinem Quellenbericht nichts.

89 »Nie mehr dachte ich an Euch, / bis gestern meine sündigen Hände / den Schlüssel in einem Fische fanden.« Vgl. Hartmann von Aue, *Gregorius der gute Sünder* (Mittelhochdeutsch / Neuhochdeutsch), Übertragung von Burkhard Kippenberg, Stuttgart 1963, S. 211.

90 In Unauffälligkeit geborgen, häuft sich in den Fischer-Szenen eine bestimmte Anrede-Form. »Mann, Mann, mir ist nicht wohl, mir ist gar nicht zum besten bei deinem Gehaben gegen den Wanderer«, sagt ihm seine Frau, so daß er sie bezichtigt, sie habe einen Narren an dem Tagedieb gefressen, worauf sie ihm mit »Nein, Mann« widerspricht. (VII, 183) Das gleiche beim hohen Besuch aus Rom: »›Mann‹, sagte darauf der kürzere Fremde [. . .], ›Mann, wolle dir keine Sorgen machen um uns [. . .].‹« (VII, 213) Nach der Beichte tröstet ihn der Kleriker: »Mann, du sprichst, wie du es verstehst«. (VII, 221) Es gibt freilich etliche »Mann«-Anreden ohne Bezug auf den bleich Geständigen, so daß es unmöglich zu entscheiden ist, ob man hier ein »Thomas« davor denken darf oder soll.

91 Was sich hier lesen könnte wie eine extreme Zusammenziehung oder einseitige Kompilation, ist nur ein matter Durchschnitt, wie sich anhand der Sammlung *Selbstkommentare* nachprüfen läßt. Die Zitate in ihrer Reihenfolge (die Seitenzahlen beziehen sich auf die *Selbstkommentare*): Tb. 1. 1. 1946; S. 206; S. 138; S. 117; XI, 168; XI, 298 f., S. 141.

92 *Selbstkommentare*, S. 104.

93 Ebda., S. 154.

94 Ebda., S. 106 f.

95 Vgl. Viktor A. Oswald, »Thomas Mann's *Doktor Faustus:* The Enigma of Frau von Tolna«, in: *Germanic Review 23* (1948), S. 249-253 und *Geister und Kunst*, S. 316.

96 Vgl. Maar, »Der Teufel in Palestrina«, in: *Literaturwissenschaftliches Jahrbuch 30* (1989), S. 218.

97 »Mit K. über die ›Morde‹ des Buches: Reisi, Annette, Preetorius, Geffcken. Schlimm, schlimm. [...] Jene ›Morde‹ habe ich mit der Lungenoperation bezahlt, die mit dem Werk in unzweifelhaftem Zusammenhang stand.« (18.7.1947)

98 Vgl. *Selbstkommentare*, S. 333.

99 Ebda., S. 72. Die Rache ist auf seiten des Verführten, nicht auf seiten des Teufels. Von Adrians »deadly revenge for his defeat« schreibt Thomas Mann dem Kollegen Charles Jackson (ebda., S. 88). Die Märchen-Schicht, die er noch darüber legt (mit Andersens knabentötender *Eisjungfrau*), wird untersucht in *Geister und Kunst*, S. 140-143.

100 Lieselotte Voss, *Die Entstehung von Thomas Manns Roman »Doktor Faustus«*, Tübingen 1975, S. 110.

101 Vgl. *Schuld und Segen im Werk Thomas Manns*, S. 22. Wie dem Ismaeliter bei seinem ersten Geplauder mit Josephs Brüdern auffällt, daß diese immer wieder auf das Wort »Brunnen« zurückkommen, so mag den Lübecker Honoratioren bei dieser Feierstunde aufgefallen sein, wie oft der Redner bei seiner Deutung des Künstlers als eines Schuldigen, eines hoch begünstigten Sünders, von Mördern spricht: von dem »genial verruchten Künstler-Mörder Dadalus«, von Jakob Lenz, der »an der Wahnvorstellung eines von ihm an seiner Geliebten begangenen Mordes zugrunde« ging, von Hoffmanns Goldschmied Cardillac, der »zum wirklichen Mörder« wird. (S. 11) Sechzehn Monate nach dieser Rede begeht Michael Mann in der Silvesternacht mit einer Mischung aus Alkohol und Barbituraten Selbstmord; ob es die Arbeit an den Tagebüchern des Vaters war, die ihn, wie oft behauptet, dazu trieb, wird in der Forschung unterschiedlich gesehen. Vgl. Hans Wißkirchen, *Die Familie Mann,* Reinbek bei Hamburg 1999, S. 145.

102 *Selbstkommentare*, S. 302.

103 Ebda., S. 300.

104 Vgl. *Essays VI*, S. 346f. Das nonchalante »Bitte sehr!«, was seine Homosexualität betreffe, ist zu diesem Zeitpunkt schon gefallen.

105 *Briefe Grautoff*, S. 97.

106 Falls man so etwas wie einen Phasenverlauf erkennen möchte: Zuerst finden wir das nur verschobene Erzählen des Grausigen – im *Tobias Mindernickel*, im *Kleiderschrank*, in *Buddenbrooks*. Mit dem *Tonio Kröger* setzt die zweite Phase und mit ihr das Reflexive, der Wille zur Symbolisierung ein. Das Geschehene ist nicht rückgängig zu machen, aber es lastet immer noch, und so wird ihm ein stützender Sinn unterlegt; ein Sinn, der immer wieder zerfällt und in jedem Werk neu geschaffen werden muß. Im allegorischen Traum des *Zauberberg* wird dieser Sinn zur Menschheitsbotschaft hochgeläutert; dadurch wird Schuld nicht abgewälzt, aber so erhöht, daß es darunter wieder Atemluft gibt für den Einzelsünder. Doch auch diese Erhöhung hält nicht vor, und was geheilt schien, platzt wieder von neuem auf, wie es für traumatische Erinnerungen typisch ist. Immer stärker wird dabei der Drang zur Benennung der Tat, zur Aufhebung des Banns durchs befreiende Wort. Für Trauma-Forscher hätte dieser Verlauf nichts Ungewöhnliches. Das Ungewöhnlichste, daß sich diesem Trauma ein literarisches Werk von Weltgeltung mitverdankt, fällt nicht in ihr Gebiet.

107 *Briefe Grautoff*, S. 79f.

108 Ebda., S. 85.

109 Ebda., S. 87.

110 Ebda., S. 90f.

111 Ebda., S. 94.

112 Ebda., S. 97. Die häßliche Geschichte vereint die Motive sexueller Entfesseltheit und tödlicher Demütigung. Der stigmatisierte Mann wird zum Höhepunkt gezwungen, in Frauenkleidung zu tanzen.

113 Ebda., S. 90.

114 »Oh mein Rom!« klagt Thomas Mann im Februar 1896 in München: »Sähe ich erst Deine Säulen wieder! Und Deine *Menschen* . . .« (Ebda., S. 70)

115 Verbreiteten Spekulationen zu Beginn des Jahrhunderts »verdankten die Ungarn den Ruf, besonders zur Männerliebe zu neigen. So signalisiert bereits der Titel des anonymen – Oscar Wilde zugeschriebenen – Romans *Teleny*, daß

hier die Geschichte eines homosexuellen Jünglings erzählt wird.« (Detering, *Das offene Geheimnis*, S. 273 f.)

116 Der grüne Likör, den Rosza trinkt, wäre womöglich der um die Jahrhundertwende in Italien populäre Kräuterlikör *Centerbe.*

117 Donald A. Prater, *Thomas Mann. Deutscher und Weltbürger*, München, Wien 1995, S. 46.

118 Vgl. VIII, 552. Unterirdisch handelt auch *Herr und Hund* von dem gehaltenen Maß und dessen Gegenteil, dem »beschämenden Schrecken der recht- und heillosen Leidenschaft«. (VIII, 654) Auffällig starke Worte fallen anläßlich der »Begegnung zweier einander fremder Hunde im Freien«, die zu den »peinlichsten, spannendsten und fatalsten aller denkbaren Vorgänge« zähle und »von Dämonie und Sonderbarkeit umwittert« sei. Die sich Beschnüffelnden »sind beide auf eine heikle und dunkle Weise aneinander gebunden und dürfen das nicht verleugnen«, ja »ein gemeinsames Schuldbewußtsein scheint auf ihnen zu liegen«. (VIII, 554-557) Die Verbindung zwischen den Hunde- und den Menschentaten zieht ein Nebensatz im *Joseph*. Als Jaakob am Brunnen Rahel küßt, springen Hunde bellend an ihnen hoch, »in der Aufregung, die diese Tiere befällt, wenn Menschen, sei es in Gutem oder Bösem, Hand aneinander legen«. (IV, 230) Warum diese Erwähnung des »im Bösen«?

119 Vgl. Tb. vom 5. 5. 1945. Im nächsten Satz nimmt er es gottlob mit einem »Andererseits« wieder zurück. (»Andererseits ist es nicht möglich, eine Million Menschen hinzurichten, ohne die Methoden der Nazis nachzuahmen.«)

120 Die Historikerin Laura Schettini hat für mich die Tageszeitungen *Il corriere di Napoli*, *Il Mattino, Il Messaggero* und *Tribuna* sowie die Polizeiakten im Staatsarchiv von Neapel durchgesehen. Das Auffällige der überlieferten Verletzungsdelikte ist, daß die Opfer lügen oder über ihre Täter schweigen. Typischerweise behaupten Männer, die sich wegen einer Stichwunde im Krankenhaus »Pellegrini« behandeln lassen müssen, sie seien während eines Spaziergangs in der Absicht, einen Streit zu schlichten, in eine Schlägerei ver-

wickelt worden; die Frauen erklären, ein Unbekannter habe sie plötzlich von hinten angegriffen. Eine Esposito Fortuna gibt laut Polizeiakte vom 14. Oktober 1896 zu Protokoll, »sich selbst aus Nervosität gestochen zu haben«. Die Motive für diese Nervosität haben offenbar mit der Präsenz der *camorra* zu tun. Wie nicht anders zu erwarten, sind in Rom auch in Thomas Manns Wohngegend am Torre Argentina Messerstechereien vorgefallen; wie sollte sich die römische Bevölkerung auch ein halbes Jahr lang deliktfrei verhalten, nur weil der künftige Autor der *Buddenbrooks* unter ihr lebt. Keine der gemeldeten oder aktenkundig gewordenen Straftaten verdient es, einzeln hervorgehoben und dadurch in einen Lichtkegel gerückt zu werden.

121 Aus der nächsten Generation ist ein ähnlicher Vorfall überliefert: Michael Mann soll, Harpprecht zufolge, seinen Hund nach einer durchzechten Silvesternacht geschlachtet haben. (Vgl. *Thomas Mann*, S. 104)

122 Reinhard Baumgart schreibt über den Trambahnmord, der für den *Maja*-Roman vorgesehen war, in dem Thomas Mann als »Adelaide« aufgetreten wäre: »[. . .] dagegen steht in diesen Notizbüchern, in der Geschichte von Adelaide und dem Geiger, eine andere, zugleich grellere und dunklere Schicht, die erst fast ein halbes Jahrhundert später im ›Doktor Faustus‹ wieder auftauchen wird. Denn die erste notierte Szene aus diesem Komplex ist – ein Mord: die junge Frau hat den Unerreichbaren erschossen, genau wie im Faustus-Roman Ines Rodde ihren und Adrians und niemandes Rudi Schwerdtfeger erschießen wird. Genau wie – so müßten wir nun eigentlich fortfahren – genau wie Thomas Mann seinen Paul Ehrenberg eben nicht erschossen hat. Doch die Sätze, in denen er diese mörderische, finale Lösung halluziniert, sprechen für sich. So jäh, halbgenau, zitternd und unmittelbar hat er kaum je geschrieben. Das war, ganz und gar nicht diskret, Prosa wie von einer fremden Hand.« (Reinhard Baumgart, »Der erotische Schriftsteller«, S. 14)

DANK

Für Rat und Kritik danke ich Jan Assmann, Joachim Fest, Fred Flemming, Eckhard Heftrich, Nikolaus Heidelbach, Hanjo Kesting, Nele und Paul Maar, Martin Mosebach, Thomas Poiss, Wolfgang Rihm und Hans Wollschläger. Wolf Lepenies und dem Berliner Wissenschaftskolleg, in dem die Thesen dieses Buchs zum ersten Mal vorgetragen wurden, danke ich für ermutigende Resonanz.